Elie Wiesel

Macht Gebete aus meinen Geschichten

Elie Wiesel

Macht Gebete aus meinen Geschichten

Essays eines Betroffenen

Herder Freiburg · Basel · Wien

Titel der französischen Originalausgaben:
Paroles d'étranger © Editions du Seuil
Signes d'exode © Edition Grasset
Aus dem Französischen von Hanns Bücker und Ursula Schottelius

Umschlagmotiv: Ausschnitt aus einem Glasfenster
von Wilhelm Buschulte

© Verlag Herder Freiburg im Breisgau 1986
Satz: F. X. Stückle, Ettenheim
Druck und Einband: Freiburger Graphische Betriebe 1986
ISBN 3-451-20823-7

Inhalt

Glauben
oder nicht glauben

Irgendwo in den Karpathen, am anderen Ende meines Lebens, spricht ein jüdisches Kind seine täglichen Gebete. Es schließt, um sich besser konzentrieren zu können, die Augen und wiegt sich vorwärts und rückwärts, um den Rhythmus seines gewöhnlichen Tagesablaufs hinter sich zu lassen. Dann, kurz vor Beendigung seiner Gebete, wiederholt es die dreizehn Glaubensartikel, wie sie sieben Jahrhunderte zuvor ein Arzt aus Cordoba, der große Philosoph und Gesetzeslehrer Moses, Sohn des Maimonides, formuliert hatte – klare und unumstößliche Prinzipien, die allen, die seiner bedürfen, als Halt dienen: „Ich glaube an Gott, einzigen Schöpfer und einzige Quelle jeglichen Handelns ... ich glaube, daß er der Erste und der Letzte ist, daß jede Strafe und jede Belohnung von ihm kommt. Kein Gesetz kann das seine ersetzen. Ich glaube an die Ankunft des Messias, auch wenn er auf sich warten läßt. Ich werde Tag um Tag auf ihn warten.

Ich betrachte das betende und ängstlich umherblikkende Kind, ich lausche und habe Sehnsucht.

Für das Kind, für mich war das damals einfach und leicht. Weil ich Gott aus ganzem Herzen liebte, glaubte ich an ihn. Dadurch, daß ich das Exil beklagte, stellte ich mich darauf ein. Ich liebte meine Eltern, bewunderte meine Meister, ich besaß, wie man sagt, den Glauben. Und wenn ich ihn einer Prüfung unterzog, geschah es, weil ich beunruhigt war, ich könnte ihn nicht voll und ganz besitzen. Meinen Platz in der Welt der Zufälligkeiten, mein Ziel in diesem vergänglichen, von Gott geschaffenen Leben kannte ich. Der Mensch hatte die Welt freundlicher zu machen und der Erlösung näher zu bringen. War dieser Anspruch etwa übertrieben? Jude zu sein bedeutete für uns in der Diaspora doch, den tiefsten Abgrund, die schlimmsten Qualen der letzten Hoffnung zu erfahren. Der Messias als Gefangener dort oben in göttlicher Zeit konnte nur hier unten und durch den Menschen befreit werden. Die Thora, das Werk Gottes, entgleitet Gott, und die, die sie studieren, sind die einzigen, die imstande sind, sie zu erklären. Wenn das ein gefährliches Paradox ist, dann war das Leben für uns ein Paradox, und die Gefahr hatte keinen Schrecken für uns.

Zu jener Zeit konnte ich mir keinen Juden vorstellen, der sich nicht aufgrund seines Glaubens als Jude verstand. Er hatte die Wahl zwischen Glaube und Abtrünnigkeit. Ein Jude ohne Glaube war ein Renegat, der aus der Gemeinschaft Israels verbannt und deshalb zu verachten und darüber hinaus schädlich war. Ich hatte über dieses Thema genug gelesen, um zu wissen, daß Not und Elend in nicht wenigen Fällen auf das Konto der Renegaten gingen. Denn häufig tauchen sie dort auf, wo

das jüdische Leiden an einem entscheidenden Wendepunkt steht.

Für einen Juden vollzieht sich seine Selbstverwirk-
lichung im Innern, sie kann sich aber auch oft auf etwas
Äußeres erstrecken. Ein guter Jude macht seinem Volk
Ehre und rechtfertigt dadurch den Stolz aller anderen.
Ein schlechter Jude kann kein guter Franzose oder guter
Amerikaner sein. Wer sich von den Seinen lossagt, wird
am Ende auch jene ablehnen, denen er zu gleich zu wer-
den wünscht.

Wenn eine jüdische Mutter zwischen Dnjepr und
Weichsel fragte, was sie sich von ihren Kindern erträu-
me, dann antwortete sie stets: „Alles, was ich wünsche,
ist, daß sie als gute Juden heranwachsen." Was bedeutete es, ein guter Jude zu sein? Es hieß, das Schicksal
des jüdischen Volkes ganz und ungeteilt auf sich zu nehmen, hieß, ihm in all seinen Formen verbunden zu sein,
hieß, in mehr als einer Epoche zu leben, auf mehr als ein
Wort zu hören, sich in mehr als ein System einzufügen,
hieß die Lehre Hillels ebenso zu übernehmen wie die
Schammais und sich für Rabbi Akiba nicht weniger zu
begeistern als für seinen Gegner Rabbi Ischmael. Ein
guter Jude sein, hieß, sich an den Tagen der Feste zu
freuen und an den Abenden der Trauer zu trauern, hieß
bereit zu sein, sich für die Heiligung Seines Namens zu
opfern, sogar ohne sicher zu sein, daß Er es sei, der dies
verlangte, daß nicht Er es sei, der dem Henker seine
Macht oder gar sein Recht gab ...

Für das Kind, das ich damals war, stellte sich diese Frage natürlich nicht. Ich war überzeugt, daß alles von Gott kam, wenn er uns strafte, dann wußte er warum, wir hatten ihm nur zu vertrauen und zu danken. Wie kann ich es denn wagen, die Wege des Himmels erforschen zu wollen. Ich habe die Pflicht, zwischen Gut und Böse zu wählen, nicht aber zu bestimmen, was gut und böse ist, das steht dem höchsten Richter zu, und oft macht er uns gerade durch Strafen die Tragweite und Folgen unserer Handlungen deutlich. Wir dachten, Gutes zu tun und haben das Böse getan. Liegt darin etwas Unrechtes? Die Frage ist gut, aber sie läßt kaum eine Antwort zu. Wenn wir unser Vaterland verlassen und ins Exil gehen mußten, dann wegen unserer Sünden. Auch wenn wir den Zusammenhang von Ursache und Wirkung nicht sehen können, so will das nicht heißen, daß es ihn nicht gibt.

Eine talmudische Legende erzählt, daß Moses von der Gelehrsamkeit und Wissensfülle Rabbi Akibas so beeindruckt war, daß er sehen wollte, wie es mit ihm weiterging. Gott zeigte ihm das tragische Ende des großen Meisters im besetzten Judäa, wie er auf dem Marktplatz die Todesstrafe erlitt, die bei den Römern für Rebellen üblich war. Und Moses rief: „Herr, ist das deine Gerechtigkeit, die so etwas zuläßt? Ist das der Dank dafür, daß einer dein Gesetz studiert hat?" Gott antwortete: „Schweig, das kannst du nicht begreifen."

Da schwieg Moses, und meine Meister fügten hinzu: „Was für Moses genügte, sollte es nicht auch für dich ausreichend sein?" Ich mußte antworten, daß es wirklich ausreichend war für alle, die auf Moses bauten. Ein chassidischer Rabbi sagte einmal: „Für einen Gläubigen gibt es keine Fragen und für einen Ungläubigen keine Antworten."

Das alles erschien mir wahr und unwiderlegbar. Und wie ist es heute? Ist dies der Augenblick, Bilanz zu ziehen? Ich habe geschrieben und geredet, aber habe ich gesagt, was ich sagen wollte? Habe ich gelernt, zwischen dem Wesentlichen und dem Belanglosen zu unterscheiden? Worin liegt der Sinn der Geschichte und welche Zukunft steht der Menschheit bevor? Ich habe einen Sohn, habe Schüler, aber mit welchem Recht soll ich sie verantwortlich machen für eine Welt, die sie nicht geschaffen haben? Im Namen welcher Glaubensüberzeugung soll ich versuchen, ihnen die Begriffe und Vorschriften zu vermitteln, die ich empfangen habe, als ich in ihrem Alter war?

Bevor ich darauf abhebe, was ich glaube, sollte ich vielleicht sagen, was ich nicht glaube, nicht mehr glaube: Ich glaube nicht mehr an die magische Kraft des Wortes. Das Wort bedeutet nicht mehr Ordnung, sondern Unordnung. Es beseitigt nicht das Chaos, sondern kaschiert es. Es ist nicht mehr Hoffnungsträger für den Menschen, sondern verkleinert sie, indem es sie denaturiert. Es hat aufgehört, ein Mittel des Widerstands zu sein. Es dient nicht mehr zur Unterscheidung, sondern nur noch als Kompromiß.

Aufgrund meiner Tradition und auch aufgrund meiner Berufung war mein Verhältnis zum Wort anderer Art. Es hatte einen beinahe sakralen Charakter. In seiner unabdingbaren Funktion für die Entwicklung des Menschen wird das Wort zur höchsten Ausdrucksform, manche Mystiker schreiben ihm sogar besondere Kräfte zu. Leben und Tod hängen nach dem Prediger Salomo von ihm ab; das Schicksal der Welt hängt von ihm ab. Der Name des Messias geht dem Messias voran. Das Wort geht sogar der Schöpfung voran. Dank dem Wort tauchte das Sein aus dem Nichts empor und schied sich das Licht von der Finsternis. Bevor Gott handelte, sprach er. Die Sprache führte den Menschen in die Geschichte ein und nicht umgekehrt.

Alle jüdischen Kinder kennen das Wiegenlied, das in den Gettos der Angst schwermütige Frauen ihren Kindern sangen: *„Oif'n pripitschik"*. Es geht darin um einen Rabbi, der seinen kleinen Schülern das Alphabet beibringt: „Wenn ihr groß seid, werdet ihr verstehen, wie viele Tränen und wieviel Schmerz diese Buchstaben enthalten." Nicht zu vergessen Freude und Erhabenheit. Als Moses für sein Volk sprach, sagt der Midrasch, wandte er sich an die 22 Buchstaben des Alphabets und zog sie als Zeugen seiner Verteidigung heran: Es hat genug für euch getan, jetzt ist es an euch, ihm gegenüber Dankbarkeit zu zeigen. Nehmt die Bibel und ihre Kommentare, den Talmud und seine Auslegungen, das Unendliche existiert wirklich und steckt in den Wörtern, durch die es früher oder später zum Ausbruch kommt. Dann durchdringt sie ein besonderes, einmaliges, erstes Licht und läßt sie vor Leben und Wahrheit erbeben. Man erzählt, daß der Bescht, als er den Sohar las, seinen Blick vom einen Ende der Erde zum andern wandern ließ. Wenn wir als jüdische Kinder diese Legende hörten, stellten wir uns vor, der Bescht hielte dabei inne, um uns zuzulächeln und uns den Weg zu zeigen.

Es gibt wenige alte Kulturen und moderne Zivilisationen, die von einer so starken Leidenschaft für das Wort geprägt sind. Nicht die Arche hat Großvater Noah gerettet, berichtet eine chassidische Legende, sondern das Wort, denn im Hebräischen bedeutet *Tewah* sowohl Arche als auch Buchstabe. Um Noah vor der Sündflut zu retten, befahl Gott ihm, sich eine Sprache zu machen, die ihm als Obdach und Zuflucht dienen werde.

Als das jüdische Volk zuerst von den Babyloniern, dann von den Römern aus seinem Land verjagt wurde, nahm es nur ein paar in einem Buch aufbewahrte Gesetze, einige Erinnerungen und Gebräuche mit, ihnen verdankte es, daß es den Versuchungen widerstehen und die Versuchungen bestehen konnte. Dank dem Talmud konnte es fern von Jerusalem dennoch in Jerusalem leben. Draußen auf dem Markt wetzten die Mörder ihre Messer, aber nur wenige Schritte entfernt im Bet- und Lehrhaus vertieften die Weisen und ihre Schüler sich in dieses oder jenes Thema, in diese oder jene Abhandlung, die Ereignisse behandelten, die vor mehr als tausend Jahren stattgefunden hatten. Durch die Erinnerung des Wortes und auch durch das Wort der Erinnerung mit dem Königreich Davids verbunden, hielten die Verbannten dieses Reich am Leben, indem sie davon erzählten und für seine Wiederherstellung beteten. Der dritte

Tempel wird einem Midraschtext zufolge unzerstörbar sein, weil er aus Feuer bestehen wird. Nein. Wir meinen, er wird im Wort bestehen bleiben.

Eine talmudische Legende von ernster und ergreifender Schönheit berichtet vom Märtyrertod des großen Rabbi Hananya, Sohn des Tradyon. Die Römer hatten ihn, weil er öffentlich die Lehren der Thora verbreitet hatte, zum Tod auf dem Scheiterhaufen verurteilt. Sie wickelten ihn in die heiligen Rollen und steckten sie in Brand. Seine Schüler, die dabeistanden, fragten ihn: „Meister, was siehst du?" Er antwortete: „Ich sehe, wie das Pergament verbrennt, aber die Buchstaben sehe ich durch die Luft schweben." Die Buchstaben bleiben nämlich unzerstörbar, vor dem Wort wird der Feind auf ewig ohnmächtig sein.

Diese Legende tragen wir im Rahmen der Liturgie des Jom Kippur-Festes vor. Aber sie hat für alle Tage des Jahres Gültigkeit. Sie beschreibt, was der Jude jedesmal, wenn er Verfolgungen durch Feuer und Schwert erlitt, empfand: „Unser Feind kann uns töten, aber nichts vermag er gegen das, was wir verkörpern."

Als der Bescht bestraft wurde, weil er versucht hatte, die Erlösung zu beschleunigen, vergaß er sein Lehramt und seine ganzen Fähigkeiten wurden ihm genommen. „Sprich ein Gebet", flehte ihn sein Diener an. – „Welches?" fragte der Bescht, „ich habe alle vergessen. Und du?" – „Ich auch", sagte der Diener", „ich erinnere mich lediglich an das Alphabet ..." Und der Bescht rief:

„Aber was wartest du dann? Sag mir das Alphabet und ich will es nach dir wiederholen." Und er sagte die Buchstaben des Alphabets mit solcher Inbrunst auf, daß ihm sein Wissen und seine Fähigkeiten wiedergegeben wurden.

Herr, erklärte eines Tages Rabbi Levi Itzhak von Berditschew, „ich möchte dir einen Handel vorschlagen. Ich würde gerne die Litaneien und Lobgesänge verfassen, die dir gebühren, aber ich bin kein Schriftsteller. Dafür gebe ich dir die 22 Buchstaben deiner heiligen Sprache, du verstehst besser mit ihnen umzugehen als ich."

Denn jedes Wort enthält etwas Heiliges, und jedes Wort muß zum Heiligen hinstreben. Die Worte, die wir heute sprechen, haben Isaias und Jeremias unter anderen Zeitumständen und unter einem anderen Himmel gesprochen, und wenn unsere Worte anders klingen, so ist das unser Fehler. Wir vergessen, daß Gott uns hört. Er hört uns wirklich zu, um uns zum Sprechen zu ermuntern. Wenn wir sagen, daß unsere Gebete zum himmlischen Thron aufsteigen, dann bedeutet das, daß sie dort aufgenommen werden wie Kinder, die von einer langen Reise zurückgekehrt sind. Beten heißt Reue empfinden, heißt zu sich selbst zurückzukehren.

Die Kinder Israels, sagt der Talmud, wurden in Ägypten gerettet, weil sie ihrer Sprache treu blieben, und diese vergalt es ihnen. Falls König David in seine Stadt zurückkäme, würde er verstehen, was ihre Einwohner miteinander redeten, und ihn würden sie natürlich auch verstehen. Das am Sinai vernommene Wort hat bis heute nichts von seiner Autorität und Frische verloren. Unsere Worte spiegeln es nur wider, geben es weiter und dadurch sind sie gerechtfertigt.

Ist ein solcher Respekt vor dem menschlichen Wort maßlos übertrieben? Das Wort verband uns mit dem Geheimnis des Anfangs und zugleich mit dem Geheimnis des Überlebens. Am Sinai sprach Gott nur ein einziges Wort, aber dieses eine Wort enthielt alle anderen, die die Menschen seit Beginn der Zeiten und bis zu ihrem Ende gesprochen haben und sprechen werden, um seine Herrlichkeit zu verkünden oder seinen Fluch herabzuziehen.

Leider ist das Wort heute alles andere als rühmenswert.

Statt dessen ist es laut und lärmend. Die heutige Generation ist geschwätzig, das Wort ist wie eine Seuche, die es bis an die Grenzen des Planeten schleudert. Noch nie wurde soviel geredet, im Fernsehen, im Radio, durch Fernverbindungen per Satellit, durch Direktübertragungen, Reden, Interviews, in Kommentaren und Analysen. Der Mensch, der ständig soviele Stimmen hört, vernimmt am Ende keine einzige mehr und sicher nicht einmal mehr seine eigene.

Sollte der Grund dafür darin liegen, daß er zuviele Dinge zu sagen und sie möglichst schnell zu sagen hat, sollte er Angst haben, sich nicht rechtzeitig verständlich machen zu können? Läßt er sich durch den Lärm von außen so stark beanspruchen, daß er sich darin verliert, sich daran berauscht und sich damit betäubt?

Das alles trifft in gleicher Weise auch auf das geschriebene Wort zu. Es scheint, daß noch nie soviel geschrieben und publiziert wurde. Hätte der Prediger nicht allen Grund, auch noch die literarische Inflation in seine eschatologischen Flüche miteinzubeziehen?

Es gab eine Zeit, da betrachtete ich jede Art von Buch als etwas Heiliges. Ich betastete es, streichelte es, sog seinen Duft ein, bevor ich es öffnete, bevor ich in ihm einem vertrauten oder ünbekannten Autor begegnete, einem alten oder noch unveröffentlichten Thema, einer düsteren oder strahlend hellen Landschaft. War das Buch in Hebräisch gedruckt und behandelte es religiöse Dinge, dann küßte ich es, bevor ich es wieder schloß. Wenn es mir aus der Hand glitt und auf den Boden fiel, hob ich es unverzüglich auf und bat es um Verzeihung. Heute ist, wenn ich so sagen darf, das Gegenteil der Fall. Man nimmt sich ein Buch vor und hat alsbald Lust, es in den Papierkorb zu werfen. Doch geben wir nicht den Autoren die Schuld daran. In der Sprache oder vielmehr in der Haltung gegenüber der Sprache, ist der Grund für den offensichtlichen Niedergang der zeitgenössichen Literatur zu suchen. Die Mystiker sprechen von einem „Exil des Wortes". So war die Schekina – das Wort – Israel ins Exil gefolgt. Das Wort im Exil, was bedeutet das? Es bedeutet den Abstand oder Unterschied zwischen den Worten und dem, was sie verdecken oder beschönigen. Es ist die Spannung oder Störung, die zwischen ihm besteht. Dann verdrängen die Worte den Sinn oder der Sinn weist die Worte zurück. In beiden Fällen besteht zwischen dem Wort und seiner Bedeutung eine manchmal ganz klare, häufig aber eine undurchsichtige Trennwand, die nur gelegentlich durchbrochen wird.

Das Phänomen beschränkt sich nicht auf eine einzige Sprache oder eine einzige Gesellschaft; es ist sozusagen universal. In allen modernen Staaten ist man Zeuge dieser Inflation, d. h. einer Abwertung des Wortes.

Politische Parteien „bekriegen" sich, die Industrie startet „Offensiven", Kritiker „vernichten" Romane oder Theaterstücke, Journalisten rühmen oder machen die letzte „Revolution" der Haute Couture herunter. Stalin hat die Gulags doch nur errichtet, um seine Bürger „umzuerziehen", und Beria hat Hunderttausende von Menschen doch nur zum „Wohle" der Menschheit ausgelöscht, und was Hitler betrifft, so hat er die Welt der Konzentrationslager und der Endlösung doch nur für das „Wohlergehen" des Menschengeschlechts erfunden.

Die absolute Perversion der Sprache beginnt mit dieser Epoche. Nero und Attila maskierten ihre Verbrechen nicht mit großmäuligen Vorwänden. Die Inquisition nannte ihre Torturen und Hinrichtungen mit Namen. Marat und Robespierre gaben dem Schrecken nicht einen beschönigenden, besser klingenden Namen. Bis zur Herrschaft der Nazis töteten die Mörder und nannten es töten, quälten die Folterknechte ihre Opfer und rühmten sich dessen. Die Nazis dagegen ermordeten Tausende und Abertausende von Juden und sprachen ganz einfach von „Spezialbehandlung". Menschliche Wesen wurden als „Dinge", als „Objekte" bezeichnet.

„Wiedervermietung" bedeutete Deportation, Evakuierung, Liquidation, Vernichtung. „Nacht und Nebel" sind zwei sehr poetische Ausdrücke, aber inzwischen wissen wir, was sich hinter ihnen verbarg. Dasselbe gilt für das Wort „Selektion". Dank dieser Verbaltechnik gelang es den Mördern, sich innerlich davon zu überzeugen, daß sie keine Mörder waren; und dieser Überzeugung „gehorchend" taten sie nichts anderes als Europa von den Juden zu „reinigen". Letzten Endes mußten sie glauben, daß sie sogar den Dank der Alliierten verdienten, weil sie an deren Stelle die „schmutzige Arbeit", die schmutzig aber notwendig war, verrichtet hatten.

Es gibt bestimmte deutsche Wörter, die ich nicht mehr benutzen kann, sagte mir Nelly Sachs, als ich sie einmal besuchte. Und ich selbst, habe ich zuviel über das KZ-Thema geschrieben? Manche Kollegen sagen es mir. Wenn er doch bloß von etwas anderem sprechen könnte, meinen sie. Tatsächlich tue ich nichts anderes. Meine Arbeiten handeln von der Bibel, vom Talmud, von der Welt des Chassidismus, von Jerusalem, von den Juden in Rußland; ich schreibe über alte Themen, um mich nicht mit dem zu beschäftigen, was mir das aktuellste und dringendste erscheint. Eines Tages möchte auch ich gerne einen Roman schreiben, dessen Landschaft nicht unter der Asche begraben ist; eines Tages möchte auch ich gerne das Leben besingen und den Glauben preisen. Noch ist es nicht soweit.

Ich persönlich empfinde alle Schwierigkeiten, Zweideutigkeiten und Fallen der Sprache, wenn ich zu erzählen versuche, was ich schließlich am besten zu kennen glaube, bestimmte Erfahrungen, die in meinem Gedächtnis aufbewahrt sind.

Ich bin mir bewußt, daß ich das, was ich sagen wollte, schlecht oder vielleicht überhaupt nicht gesagt habe, und – was schlimmer wäre – daß ich etwas anderes gesagt haben könnte.

Bin ich mir selbst gegenüber zu streng? Vielleicht geht es gar nicht um mich. Und doch bin ich mir meiner Grenzen bewußt und habe vor allem die folgende unendlich schmerzende und kaum auszusprechende Überzeugung, daß der Feind in mehr als einer Hinsicht die Partie gewonnen hat. Die Toten sind tot, und die Überlebenden können nicht einmal erzählen, was sie gesehen und erlebt haben.

In einem meiner Romane wird ein Mensch aus nächster Nähe erschossen, aber er kann nicht sterben, alle Mitglieder seiner Familie sind tot, alle seine Freunde sind tot, er ist der letzte, und weil er der letzte ist, kann er nicht sterben. Da sagt der Mörder zu ihm: „Eines Tages wirst du mich verfluchen, weil ich dich verschont habe, wenn ich es auch unfreiwillig tat. Du wirst reden, aber niemand wird dir zuhören. Du wirst die Wahrheit sagen, aber es wird die Wahrheit eines Narren sein."

Das trifft in etwa auf uns alle zu, unser Gedächtnis ist das von Verrückten. Was können wir tun, um ihm die Türen zu öffnen? Was können wir tun, um die Schreckensbilder anderer mitzuteilen? Die Worte aus unserem Mund drücken etwas aus, das kein Mensch verstehen kann. Die Worte Hunger, Durst, Angst, Demütigung, Warten, Tod handeln von anderen Wirklichkeiten. Die schlimmste Tragödie der Opfer ist, daß der Mörder sie getötet hat und, indem er sie tötete, es geschafft hat, daß man nicht darüber sprechen kann.

Was wir erlitten haben, ist mit der Sprache nicht zu fassen, es ist auf der anderen Seite des Lebens und der Geschichte angesiedelt. Das Getto und der versiegelte Waggon, die lebendig in die Flammen geschleuderten Kinder, die ermordeten stummen Greise, der irre Blick der Mütter, die Ohnmacht der Söhne, die die Todesangst des Vaters nicht lindern konnten. Ein normaler Mensch kann soviel Schrecken nicht verarbeiten, kann soviel Finsternis nicht auf sich nehmen, ein normaler Mensch kann das nicht begreifen, wird es niemals begreifen können.

Was soll der Zeuge nun mit seinem Zeugnis machen? Gerade darin liegt die Tragödie. Für ihn handelte es sich einzig und allein darum zu überleben, um berichten zu können. Sollte er für nichts überlebt haben? Diese Angst ist bezeichnend für meine Leidensgenossen. Sie stellen sich unablässig die Frage nach dem Sinn ihres Überlebens, das manche zu Unrecht als ein Wunder bezeichnen. Sie fühlen sich den Toten gegenüber schuldig, die ihnen eine Mission aufgetragen haben, die sie unmöglich erfüllen können, sie sind also dazu bestimmt, ein Leben zu leben, das nicht das ihre ist.

Wenn früher der Gedanke Tat und die Tat Wort wurde, so ist dieser Prozeß heute unterbrochen. Heute befinden wir es für richtig, daß bestimmte Taten unausgesprochen bleiben. Darüber zu sprechen, hat keine logische Konsequenz mehr. Diese ganzen Reden über die „Lehren" von Auschwitz, über die „Botschaft" von

Treblinka sind moralische Lehren und politisch-theologische Botschaften, die mit dem Gegenstand selbst nichts zu tun haben.

Am Morgen nach dem Todessturm konnten die Überlebenden angesichts einer entsetzten Welt immer nur wiederholen: „Ihr könnt es nicht verstehen, ihr könnt es einfach nicht verstehen." Später haben sie es aus meist edlen und immer humanitären Beweggründen versucht, weil es notwendig war, die Menschen zu sensibilisieren, sie auf bestimmte Gefahren aufmerksam zu machen, ihnen die Wege zu zeigen, die zu beschreiten äußerst gefährlich ist. Und jedesmal mußten sie sich Gewalt antun, um auch nur ein Stückchen von sich preiszugeben, um von sehr intimen Dingen zu sprechen – denn gibt es etwas Intimeres als den Schmerz, als den Tod? – Und jedesmal war es von vornherein verlorene Mühe. Der Zuhörer verstand überhaupt nicht oder nur schlecht und falsch.

Aber, werden Sie mich nun fragen, wie sollen wir alle diese Arbeiten, alle diese Romane, alle diese Berichte und Studien denn lesen? Sollten sie nicht einmal den Schleier weggezogen, nicht einmal auf die Wunde gedeutet, auf den Friedhof gezeigt haben? Sicher sind die Zeugen verpflichtet zu schreiben, und die Leser müssen lesen. Und dennoch bin ich sicher, die Verschwiegenheit zwischen ihnen wird keine Verbindung, sondern eher eine Kluft bewirkt haben.

Was ich hier sage, sage ich nicht ohne Scham und noch viel weniger ohne Trauer. Aber ich glaube, daß ich nicht das Recht habe, es zu verschweigen. In gewisser Hinsicht habe ich nicht deshalb etwas aus meiner Vergangenheit erzählt, damit Sie sie kennenlernen sollten,

sondern damit Sie wüßten, daß Sie sie niemals kennenlernen würden.

Ebenso wie in der Kabbala die Rede von jenen „zer-
brochenen Gefäßen" anläßlich der Schöpfung ist, müssen wir heute die Möglichkeit eines ähnlichen Bruches
ins Auge fassen und zwar in einem ebenso gewaltigen
Maßstab, wie es beim ersten der Fall war und der das
gesamte Sein umfaßt.

Ein Bruch zwischen Vergangenheit und Zukunft, zwischen Schöpfung und Schöpfer, zwischen dem Menschen und seinesgleichen, zwischen dem Menschen und
seiner Sprache, zwischen den Worten und dem Sinn,
den sie enthalten.

Aber, werden sie mir sagen, was bleibt uns dann
noch? Die Hoffnung trotz allem und uns zum Trotz?
Vielleicht die Verzweiflung? Oder der Glaube?

Es bleibt uns nur die Frage.

Eines Menschen Gebet

Macht Gebete aus meinen Geschichten, sagte der berühmte Rabbi Nachman von Bratzlaw zu seinen Anhängern. Bei Franz Kafka, seinem späten Schüler, klang dieser Gedanke nach, als er ganz einfach erklärte, daß Schreiben gleich Beten sei.

Zwischen Gebet und Literatur, zwischen dem schöpferischen Akt und dem Akt der Annahme besteht demnach mehr als ein oberflächlicher Zusammenhang. Beide, Gebet und Literatur, bedienen sich alltäglicher Worte und verleihen ihnen einen anderen Sinn. Beide rühren an das persönlichste und höchste Bedürfnis im Menschen. Beide haben im dunkelsten und geheimnisvollsten Bezirk unseres Wesens ihre Wurzeln. Gespeist von innerer Glut und Angst widerstrebt ihnen Indifferenz und bloße Nachahmung. Der Dichter, der durch das Sortieren der Worte schließlich die weißen Stellen ersinnt, die sie voneinander trennen, steht auf der gleichen Stufe wie der Gläubige, der sich durch die Gebete, die er immer nur wiederholt, verwirklicht. Der

Schriftsteller und der gläubige Mensch schöpfen aus derselben gemeinsamen Quelle, wo Wortgeräusch sich zur Sprache formt, die Sprache zum Gebet wird, und das Gebet sich in eine Opfergabe verwandelt. Die Inspiration ist für den Schriftsteller was die Kawana (das freie Herzensgebet) für den Beter ist. Durch ein offenes und von Leidenschaft erfülltes Herz in Erregung geraten, leben beide in einem besonderen Zustand. Ebenso wie der Mensch ohne Literatur nicht leben könnte, wäre er ohne Gebet unfähig zu überleben.

Aber in der Gesellschaft, in der wir leben, wird es für den modernen Menschen immer schwieriger zu beten. Seine Tragödie liegt darin, daß er den Weltraum erobert, seine Gebete aber vergessen hat.

Das gilt vor allem für die Jugend. In Moskau traf ich am Vorabend jüdischer Feiertage vor der großen Synagoge in der Archipova eine Gruppe junger Studenten. Sie wußten nicht, was sie beim Gottesdienst in dem überfüllten Raum tun sollten, deshalb fingen sie draußen an zu singen.

Die israelischen Fallschirmjäger, die sich für links und konfessionslos hielten, schienen, als sie im Juni 1967 vor der Klagemauer in Jerusalem standen, völlig ratlos zu sein. Da sie nicht wußten, was sie sagen sollten, fingen sie an, die Mauer unter Tränen zu küssen.

Hatten sie plötzlich ein religiöses Erlebnis, spürten sie auf einmal ein Bedürfnis nach Glauben oder nach einem bestimmten Ritual? Man könnte vielleicht sagen, daß diese gottfern oder sogar gottfeindlich aufgewachsene Jugend sich plötzlich die Frage nach der Rolle Gottes

in ihrem Leben stellt. Wir werden darauf später zurück-
kommen.

Zunächst habe ich den Sinn meines eigenen Be-
mühens zu verdeutlichen. Da ich mehr Erzähler als
Wissenschaftler bin, liegen mir Geschichten mehr als
gelehrte Doktrinen. Wenn jedes Gebet ein Stück Demut
enthält, dann steckt in jeder Theorie des Gebets eher
das Gegenteil. Deshalb jetzt eine Geschichte, die Geschichte eines frommen und gottesfürchtigen Menschen, der beim Beten immer ins Stocken gerät. Tag für
Tag bleibt er nämlich an der Stelle „*Ahava Rabba Ahavtanu* – denn Du hast uns geliebt mit großer Liebe"
stecken und ringt nach Luft. Kein Laut kommt mehr
über seine Lippen. Jedes Wort wird zu einem Hindernis;
er fühlt, wie ein Schatten seinen Blick verdunkelt und
sein Atem immer schwerer geht. Er leidet und sein
Schmerz macht ihn traurig, unendlich traurig. Erinnerungen lasten schwer auf ihm, das Gewissen und mehr
noch das Heimweh zerreißen ihn. Er erinnert sich an
eine untergegangene Welt, an die Welt seiner Kindheit
mit ihren Liedern und Bildern, er denkt an die heißen
unschuldigen Gebete seiner Kindheit. Der Schmerz
wühlt tiefer und tiefer in ihm, er sitzt in der Falle und
wünscht sich einen Augenblick lang, auf immer stumm
zu bleiben, weil das besser wäre. Denn was er auch sagt
oder tut, wird immer Lüge sein, Verrat oder wenigstens
doch eine Illusion.

Wer ist dieser Mann? Ganz klar ist er unser Zeitgenos-
se, ein seine Religion praktizierender, gläubiger
Mensch. Er verrichtet seine Gebete und leiert sie nicht

mechanisch herunter; denn sonst würde sein Problem uns überhaupt nichts angehen oder sogar kaum vorhanden sein. Sein Problem betrifft uns in dem Maße, wie er beten möchte, ohne zu wissen, wie er es anstellen und zu welchem Zweck er beten soll. In dieser dialektischen Situation, in der er sich befindet, ist keine Wahl, die er trifft, annehmbar. Und doch hat niemand mehr Gründe, sich an Gott zu wenden und niemand mehr Gründe, sich von Gott abzuwenden als er. Als Individuum kann er dem Himmel nur Dank sagen, daß er ihn verschont hat, aber als Sohn der am grausamsten verfluchten Generation der Geschichte kann er ihm Lobpreis und Opfer doch nur verweigern.

Warum sollte das nicht klar ausgesprochen werden? In diesem Menschen erkennen wir uns selbst wieder. Seine Schwierigkeit, das „Ahava Rabba Ahavtanu" auszusprechen, könnten auch wir haben. Seine Hemmungen sind unsere Hemmungen und seine Zweifel die unsrigen. Zwischen den Worten, die wir aussprechen, und ihrem Inhalt ahnen wir einen Abgrund oder eine Mauer, die zu durchbrechen wir unfähig sind. Was wir gerne sagen möchten, bleibt ungesagt, und was wir darbringen möchten, wurde uns genommen.

Und dennoch gab es eine Zeit, da konnten wir mit diesen gleichen Worten leichter die Finsternis durchschreiten und auf das Nahen der Morgenröte warten. Diese Worte verbanden uns wieder mit dem, was dem Menschen in seinem Innern seinen Anteil an Wahrheit und Unsterblichkeit sichert. Etwas muß sich geändert haben, und wir wüßten gerne was. Tatsächlich hat sich alles um uns und in uns geändert, aber die Worte sind dieselben geblieben, als wollten sie uns und sich selber um so gründlicher verraten.

Früher war das einfach; Leben hieß, den Schutz Gottes zu erflehen, und Überleben besagte, daß wir diesen Schutz erlangt hatten. Über den Sturm hinaus, ja mitten im Herzen des Orkans wußten wir, was wir zu sagen, wann und auf welche Weise wir es zu sagen hatten. Für jede Situation gab es ein Gebet und für jedes Gebet einen Gesang. Eine bestimmte Ordnung hatte Bestand auch innerhalb des Exils. Jeder einzelne heilige Vers hatte seine Stunde, in der er gesprochen wurde, nicht früher und nicht später, nichts blieb dem Zufall überlassen. In einer aus den Fugen geratenen, wahnsinnigen Welt klammerte man sich an Sidur, das Buch der Gebete, also an Seder, was soviel wie Ordnung, Anordnung bedeutet. Verloren in der Welt, orientierten sich die Juden an der Zeit, die ihnen bisweilen Schutz und Zuflucht bot, und das Gebet verlieh der Zeit ihren Glanz, ihr Leuchten und ihre göttliche Dimension.

Was bedeutet das Gebet für meine Vorläufer und für mich, ihren Schüler? Eine Möglichkeit der Begegnung oder sogar eine Begegnung mit Gott und mit sich selbst; einen Augenblick der Gnade, der Hingabe, der Annahme, des Jasagens. Wenn die Kunst eine Art des Neinsagens ist, dann ist das Gebet eine andere Art, mit Ja zu antworten, Ja zur Schöpfung und seinem Schöpfer, Ja zum Leben und dem, was es in sich birgt, Ja zum Glauben und zur Hoffnung, die sich auf ihn beruft, Ja zur Freude, zur Brüderlichkeit; denn im Gebet sind wir alle gleich, sind wir Brüder. Ein Leuchtturm ist das Gebet für den Irrenden und den Träumer auf der Suche nach Träumen,

Öffnung ist es für die Seele auf der Suche nach Schweigen oder Verzückung; das Gebet ist etwas, dessen der Mensch am meisten bedarf, um sich zu verwirklichen oder um über sich hinauszugelangen. Kompensation für die einen, Trost für die anderen, Sublimierung für wieder andere, bedeutet das Gebet in gleichem Maße belebende Kraft und Abenteuer. Aus dem berühmten Ausruf „Verlaßt euch demnach nicht auf Wunder, sondern rezitiert Psalmen!" spricht viel mehr als nur der Humor eines verzweifelten Volkes. Wie das Studieren uns erlaubte zu leben, so erlaubte das Gebet uns zu hoffen. Wir trotzten der Züchtigung und den Katastrophen durch das Gebet. Es genügte zu beten, gut zu beten, mit Hingabe und aufrichtigen Herzens, damit Gott und Mensch sich versöhnten, damit der Herr des Universums seinen Kindern Mut und Tapferkeit schenkte und ein bißchen Glück, vielleicht auch ein bißchen Frieden. Möglicherweise hat Gott den Menschen erschaffen, um ihn und sich selber lobpreisen zu hören, weil er die Gebete liebt, sowohl die der Menschen als auch seine eigenen, wenn man dem Talmud Glauben schenken darf. Ein von Gott erdachtes Gebet lautet so: „Daß ich meinen Zorn bändigte und meine Kinder mit Liebe und Mitleid betrachtete."

Die Geschichte des Gebets ist also die Geschichte des Menschen. Das veranschaulicht der Talmud dadurch, daß er Adam die erste Hymne zu Ehren des Sabbats zuschreibt. Auf Abraham, Isaak und Jakob gehen die drei täglichen Gottesdienste zurück. Abraham soll den Morgengottesdienst, Isaak den Nachmittags-, und Jakob den Abendgottesdienst einst eingeführt haben. Um die Frauen nicht zu kränken, wurde ein Gottesdienst Rahel und ein anderer Lea zugebilligt. Die Könige und Propheten, die Philosophen und Kabbalisten, werden alle mit diesem oder jenem Gebet in Verbindung gebracht. Die Aggada ist ein Gesang und die Kabbala der Gesang dieses Gesanges. Was ist denn die chassidische Bewegung des Bescht anderes als ein manchmal geflüstertes, manchmal hinausgeschrieenes Gebet? Rabbi Nachman von Bratzlaw versichert, daß das Rauschen der Bäume, Blätter und Grashalme Gebet sei. Nur die Toten beten nicht.

Das ganze Schicksal Israels wird durch das Gebet bestimmt, das letztlich alles umfaßt: Flehen um Gesundheit und Nahrung, Dank für empfangene und miteinander geteilte Segensfülle, Freude und Traurigkeit des Herzens, Erinnerungen und Klagen, Jubelschreie und unterdrückte Tränen, alle Sehnsüchte, alles Sinnen und Trachten, alle Veränderungen der jüdischen Existenz für den einzelnen wie für die Gemeinschaft spiegeln sich wider im Gebet.

Die Gebete sind charakteristisch für Israel, ohne sie ist es nicht denkbar. Das Gesetz, von Gott selber dem Menschen anvertraut, kommt von oben. Mit dem Text des Gebetes verhält es sich anders, er kommt vom Menschen. Wenn der Glaubende einen liturgischen Text wiederholt, dringt er vor bis zu dessen Autor, und wenn er ihn oft genug wiederholt, macht er ihn sich ganz zu eigen, wird er fast zu dessen Autor.

Anders ausgedrückt, es gehört zum Menschen, daß er jedes Gebet zu seinem eigenen macht, indem er es neu erschafft, ihm seine ursprüngliche Kraft zurückgibt, seine Aktualität, seine Dringlichkeit.

Wie alles in der jüdischen Überlieferung, so entfaltet sich auch das Gebet auf mehreren Ebenen. Der ganze jüdische Humanismus ließe sich durch ein Wort des Talmud verdeutlichen, wonach das stumme Gebet – oder das Schweigen im Gebet – deshalb in den Gottesdienst hineingenommen worden sei, um die Sünder nicht in Verlegenheit zu bringen.

Metaphysisch gesehen impliziert das Gebet eine Gewißheit oder zumindest den einen Wunsch, daß Gott doch nicht gleichgültig gegenüber dem bleibe, was seine Schöpfung bedroht oder reich macht.

Sogar die jüdische Ästhetik ist vom Gebet durchdrungen. Die liturgischen Texte sind nicht selten Kunstwerke. Die jüdische Literatur und die jüdische Geschichte wären kleiner und ärmer ohne die zahllosen „Pijutim", jene philosophischen, lyrischen und auf ein bestimmtes Ereignis bezogene Meditationen, die seit je ihren Weg begleiten. Und manche von jenen Klageliedern über das Martyrium, die mit lauter Stimme vorgetragen werden, beschreiben die Kreuzzüge und Pogrome besser als die Werke von Berufshistorikern und enthalten mehr lyrische Kraft als die Gedichte berufener Sänger. Die jüdische Dichtung nährt sich von ihnen und ernährt sie: Das jüdische Gebet kann nur poetisch und sittlich sein. Die zugunsten eines anderen gesprochenen Gebete werden als erste angenommen, sagt der Talmud, die wider seinen Nächsten erdachten aber werden abgewiesen. Das geschieht auch mit all jenen Gebeten, die den anderen nicht mit einschließen. „Kein Gebet, das nicht das Ziel vor Augen hat, die Gemeinschaft besser zu machen, verdient diesen Namen", sagt Rabbi Pinchas von Koretz. Der Himmel weist das Gebet, das nicht die Grundbefindlichkeit des Menschen, seine Ängste und Leiden widerspiegelt, zurück; es ist ein totes Gebet.

Früher war das Beten einfach und trostbringend. Das Gebet ließ den Menschen an einem ewigen Dialog mit Gott teilnehmen. Durch das in jubelnder Freude oder tiefer Erschütterung gesprochene Gebet wird Gott gegenwärtig oder besser noch, wird Gott Gegenwart. Von diesem Augenblick an wird alles möglich und erhält eine neue Bedeutung. Auf der einen Seite der höchste Richter und der Vater der Menschheit, der seinen himmlischen Thron verlassen hat, um mitten unter seinen Menschengeschöpfen zu leben und zu wirken. Auf der anderen Seite die vom Gebet emporgetragene Seele, die ihr Gehäuse verläßt und himmelwärts fliegt. Aus Sprache bestehend und schweigend gesprochen ist das Gebet wie ein Dunstkreis, wie etwas Allumfassendes, das den Menschen einschließt, um ihm dann eine größere Freiheit zu geben. Es gibt Gebete für alle Situationen und für alle Fälle. Die Tradition hat an alles gedacht. Wenn du glücklich bist und dich deswegen ängstigst, gibt es ein Gebet dafür. Wenn du unglücklich bist, ohne den Grund dafür zu kennen, gibt es auch dafür ein Gebet. Manche Gebete spornen an, andere beruhigen und wieder andere reißen Wunden auf. Die einen tragen Bitten vor, andere sind Ausdruck der Dankbarkeit. Das Gebet als große Deutung unserer Existenz gibt ihr Rhythmus und Form zugleich. Nehmt unsrem Volke das Gebet und ihr habt seine Seele zum Schweigen verdammt.

Es ist klar, daß das Gebet einem tiefen Bedürfnis entspricht, dem Bedürfnis zu verstehen und verstanden zu werden, dem Bedürfnis zu glauben, daß es irgendwo ein Wesen gibt, das uns versteht. Es stillt das Bedürfnis zu sprechen, sich anzuvertrauen, zu singen und zu denken, teilzuhaben an etwas, das größer ist als wir. Gebet ist das Bedürfnis sich zu verlieren, um sich frohen Herzens und ganz wiederzufinden, weil man Verzeihung erlangt hat; ist das Bedürfnis, Wohl und Wehe des gegenwärtigen Lebens zu rechtfertigen, Bedürfnis, seinem Leid Ausdruck zu verleihen und darüber zu weinen, Bedürfnis, sich gehen zu lassen und auch das Bedürfnis zu sein und Bedürfnis, sich seines Wesens bewußt zu werden.

Wohl ist es möglich, ohne Hoffnung, vielleicht sogar ohne Wahrheit zu leben oder wenigstens zu existieren, aber nicht ohne Gebet; denn Gebet ist eine drängende Bewegung nach innen und nach außen, ist ein Weg zum Leben.

Das Gebet ist im vollen Sinn des Wortes ein Akt des Glaubens, des Glaubens an Gott und an die Geschichte, an Gott als den Herrn der Geschichte, der ebenso gerecht wie allmächtig und barmherzig ist, des Glaubens an das Wort, des Glaubens an den Glauben. Ohne ihn ist das Gebet eine Parodie. Beten heißt, fähig zu sein, seine Stärken und Schwächen zu erkennen, seine Existenz und seine Zukunft zu ermessen, heißt empfangen und geben. Ohne diese Möglichkeit wäre der Mensch um eine wesentliche Dimension ärmer. Niemand ist mehr zu bedauern als der Mensch, der nicht beten kann, denn nicht beten ist keine Sünde, sondern eine Strafe. Die tragischste Stunde im Leben des Bescht ist jene, als er zur Strafe seine Gebete vergaß. Der Lohn für das Gebet ist das Gebet. Beten heißt: die Einsamkeit durchbrechen und die Angst vor der Einsamkeit überwinden. Das Gebet ist ein Mittel gegen Leiden und Verfolgung, aber mehr noch gegen die Einsamkeit.

Wenn Elischa ben Aboya sich entschieden hätte, in das Studienhaus einzutreten und sich unter die Weisen und ihre Schüler zu mischen, wenn er sich für die jüdischen Gebete entschieden und dabei sogar das jüdische Denken ganz verleugnet hätte, wäre sein Schicksal weniger tragisch gewesen. Auf einer anderen Ebene und in einem anderen Jahrhundert sollte das Gebet Franz Rosenzweig retten und ihn wieder zu seinem Volk zurückführen. Der Standpunkt Ravas hat keinen Anklang in der jüdischen Tradition gefunden. Das Gebet ist nicht nur Geschenk für die Gegenwart, wie die Thora ist es auf das Ewige gerichtet. Wir brauchen beide, um auszuharren und unser Gleichgewicht zu bewahren. Rava hätte sie nicht gegeneinander stellen dürfen, darin bestand sein Irrtum. Studium und Gebet zusammen sind dem Menschen gegeben, damit er sich zu den höchsten Sphären erhebe. Das eine könnte ohne das andere nicht bestehen. Was die Thora dem Verstand bedeutet, das ist das Gebet für die Seele. Ein Weiser könnte sich zwar beim Studieren, aber nicht beim Beten einsam fühlen.

Das alles betrifft jeden Menschen und mehr noch den jüdischen Menschen, der sich im Gebet mit der Gemeinschaft Israels vereinigt. Der einsamste Jude braucht sich nur einer Minjan, einer zum Gebet versammelten Gruppe anzuschließen, und er ist nicht mehr allein. Die Gewißheit, daß er Texte spricht, die zur gleichen Stunde ungezählte Menschen in der ganzen Welt wiederholen, wird für ihn zu einer tief empfundenen Hilfe. Auf einmal wird er sich bewußt, daß seine Stimme nicht verloren geht, daß seine Worte von irgendwoher kommen und irgendwo ihre Spur hinterlassen. Die Tatsache, daß Juden, die Generationen hindurch allen sozialen Schichten angehörten und sich in allen Sprachen ausdrückten, dieselben Worte gebrauchten, um ihrer Angst oder ihrer Dankbarkeit gemeinsam Ausdruck zu verleihen, diese Tatsache kann ihn überzeugen, daß er zu einer Gemeinschaft gehört, deren Größe er nicht ermessen kann, in der er aber ebenso viele Vorläufer wie Verbündete entdeckt. Er erfährt, wie Rabbi Akiba sich verhielt, als er in den Tod ging, wie Rabbi Schimon Bar Johai in seinem Keller den Tag erwartete, und es wird ihm bewußt, daß er kein in der Schöpfung umherirrender Fremdling ist.

Nun, dieses Bedürfnis zu beten, sich als Gemeinschaft zu fühlen, besteht nach wie vor, sogar mehr noch als früher und nicht nur bei den Juden, sondern auch bei andern Völkern und in anderen Kulturen. Der Stalinkult hatte einen religiösen, wenn nicht sogar mystischen Aspekt. Man lese wieder einmal, was bestimmte Dichter, Romanschriftsteller, Essayisten, Kritiker und Intellektuelle zu seinem und seines Regimes Ruhm damals geschrieben haben. Wie können sie heute noch schreiben – in anderen Organen selbstverständlich – und dabei eine ganz andere Richtung verfolgen? Alle verstanden sich als Priester der kommunistischen Religion und manche sind zu deren Inquisitoren geworden. Stalin hat nur eine andere Religion gebracht, eine Religion, deren Gottheit und Prophet er selber war.

Das Erwachen der Religiosität in der heutigen westlichen Welt ist ein viel diskutiertes, aber nicht zu bestreitendes Phänomen. Naturwissenschaftler machen aus ihrem Wunsch, die geistig seelischen Kräfte wieder zu entdecken, kein Hehl. In Paris und in den Vereinigten Staaten, ja in den Stützpunkten der NASA faßten Atomwissenschaftler, Biologen und Physiker den Entschluß, sich mit dem Talmud zu befassen. Sie kamen bei ihren Forschungen schließlich zu dem Schluß, daß die Technologie falsche Probleme gelöst hatte. Wir haben Maschinen, aber nicht das menschliche Herz gewonnen, und die Entfernung zwischen zwei Wörtern ist größer als die zwischen Erde und Mars. Noch nie ist der Mensch so schnell von Ort zu Ort geeilt und noch nie war er in einem solchen Maße entfremdet und innerlich verletzt und angeschlagen.

Denn seit dem Zweiten Weltkrieg hat die Zivilisation unter dem Flammenhimmel Polens Bankrott gemacht. Die Fähigkeit zu verehren und sich zu begeistern, d.h. zu beten, wurde im Menschen getötet. Nicht daß er kein Bedürfnis mehr danach verspürte, aber es gelingt ihm nicht, dieses Bedürfnis zu befriedigen. Der talmudische Spruch „Die Zerstörung des Tempels ist der Grund, weshalb die Pforten des Gebetes verschlossen sind", trifft mehr für die Gegenwart als für die Vergangenheit zu. Wir haben den Geschmack von Asche und Wein im Mund, und diese beiden Erfahrungen sprechen der Sprache Hohn. Kein Klagelied könnte laut und herzzerreißend genug und kein Lobgesang demütig genug sein. Wir haben gesehen, was niemand gesehen hat noch je sehen wird, wir sahen den Tempel in Flammen und sahen, wie die Überlebenden ringsum nur eins im Sinn hatten, ihn wieder aufzubauen. Angesichts dieser Tränenflut, dieser Tränen verzweifelten Mutes begreifen wir die Menschen Becketts. Wir stoßen unartikulierte Urlaute aus, und unsere einzige Versuchung besteht darin, daß wir schweigen.

„Wer immer die Zerstörung Jerusalems beweint", sagt der Talmud, „wird mit Frohlocken an seinem Wiederaufbau teilnehmen." Und wie Saul Libermann, unser aller Meister, kommentiert, besteht ein Zusammenhang zwischen diesen beiden Verhaltensweisen, und auch der Umkehrschluß gilt, daß einer, der in seinem Herzen keine Trauer um das besiegte Jerusalem trägt, auch keine Freude empfinden wird, wenn er es herrlich und glorreich wieder aufgebaut sieht. Und wenn unser Leben und unsere Wiedergeburt uns nicht wahnsinnig werden lassen, wahnsinnig vor Freude und wahnsinnig vor Glück, dann nur deshalb, weil wir nicht weinen konnten.

In der Literatur – und da kenne ich mich aus – hat diese Unfähigkeit schwerwiegende Konsequenzen. Unter den hunderten von Werken, die diesen beiden

Themen, diesen beiden Ereignissen gewidmet sind, wird ihnen keines gerecht. Das ist nicht erstaunlich. Die Dimension dieser metahistorischen Ereignisse ist für uns nicht faßbar. Kein Bemühen eines Künstlers kann die Verzweiflung eines Kindes oder eines Vaters im Getto wiedergeben noch ihren Stolz beschreiben, daß sie zusammengeblieben sind, falls sie am Leben geblieben sind. Kein Dichter, es sei denn, er habe den Verstand verloren, kann das je offenbaren, was ihn an den Rand des Wahnsinns gebracht hat. Auschwitz und Jerusalem sind zwei Mysterien, die ein und dieselbe Wahrheit ausdrücken, aber der Mensch ist zu schwach, sie zu begreifen. Früher nahm die Fantasie eines Künstlers die Wirklichkeit vorweg, hier blieb sie weit hinter ihr zurück, geriet ins Hintertreffen und wurde mit der Schande ihrer eigenen Niederlage geschlagen. Das gilt ebenso für den religiösen Bereich. Auch er kann insgesamt nicht befriedigen, und die Gebete, über die wir verfügen, sind nicht adäquat. Wie kann ein Mensch im Zeitalter von Auschwitz und Majdanek noch unerschütterlich behaupten, daß unser Vater im Himmel groß, gerecht und gnädig ist? Wie gut begreifen wir den Helden unserer Geschichte, der es nicht fertig bringt, die Worte auszusprechen: „Du hast uns geliebt mit einer großen Liebe ..."

Eine große Liebe – und Auschwitz? Ein unendliches Erbarmen – und Bergen-Belsen? Wie kann der Gläubige diese Worte benutzen, ohne daß sie zu einer Lüge, zu einer Gotteslästerung werden? Es gibt zwei Möglichkeiten. Entweder klammert sich das Gebet an die Gegenwart, hält sich an das Reale und Konkrete, oder es ist nur etwas Abstraktes. Als Juden glauben wir, daß es zeitlos und trotzdem Teil des gelebten Lebens ist. Aber wie sollen wir dann Sätze formulieren, die ihres Inhalts entleert sind? Tausend und abertausend Schulen wurden mit Stumpf und Stiel ausgerottet – und „Du hast dein Volk geliebt"? Eine Million jüdischer Kinder wurden gemartert und lebend in die Flammen geworfen und „Du hast uns auserwählt unter allen Völkern"? Ja, sagen wir es doch laut und deutlich: Wie soll man nach allem, was geschehen ist, noch beten? Wie kann der Mensch sich hinwenden zu Gott, wenn seine Wege uns dunkler, sein Antlitz uns abgewandter und seine Gnade uns verborgener denn je erscheinen!

Man sage nicht, daß Gott damit nichts zu tun habe. Das steht im Gegensatz zu allem, was das Judentum symbolisiert. Gott nimmt im Guten wie im Bösen Anteil am Schicksal des Menschen. Wer ihn für Jerusalem segnet und ihn nicht nach Treblinka fragt, ist schlichtweg ein Heuchler. Gott will am Anfang und auch am entscheidenden Ende unserer Handlungen sein. Er ist Frage und Antwort zugleich. Hier tut sich eine Falle auf, denn ebenso wenig wie man Auschwitz mit Gott verstehen kann, kann man es ohne Gott verstehen. Von daher stellt sich die Frage, ob wir ihm dienen oder ihm unsern Dienst verweigern müssen. Aber beten, als ob nichts geschehen wäre, das wäre doch Feigheit! Fordert Gott denn vom Menschen, daß er sich feige zeigt?

Hier liegt der Kern des Problems, das uns bewegt, vorausgesetzt, daß wir uns an Ihn, an Gott, halten.

Für einen Ungläubigen stellt sich das Problem natürlich nicht. Deshalb scheint uns das Drama des Gläubigen beklemmender und seine Erschütterung tiefer zu sein. Welche Haltung müßte oder könnte er angesichts des Bruchs, den das Reich der Nacht bedeutet, einnehmen?

Seine Wahlmöglichkeiten sind begrenzt. Auflehnung wäre eine davon. Er könnte ganz einfach mit seiner religiösen Praxis brechen und niemand hätte das Recht, ihm daraus einen Vorwurf zu machen. Nur in der jüdischen Tradition ist es dem einzelnen Menschen erlaubt, sich gegen den Himmel zu erheben. Von Abraham bis Moses, von Jeremias bis Levi Jitzaak von Berditschew, unter Dichtern und Denkern, unter Gerechten und Weisen, stößt man auf eine ganz beachtliche Anzahl von Aufsässigen, die die Eigenschaften des Herrn und seinen einzigartigen Platz in der Geschichte in Frage stellten. Ein Schüler Rabbi Jischmaels macht sich in einem Wortspiel Luft: „Mi kamocha baëlmim adoschem" (Wer ist wie Du unter den Göttern), „al tikra elim ki im ilemim" (Wer ist stumm wie Du; denn Du siehst die Erniedrigung Deiner Kinder und schweigst!) Für den modernen Menschen ist das Aufbegehren gegen die Wege des Himmels natürlich und richtig und bedeutet kein Abweichen von unserer Tradition. Die Mitglieder der *Knesset hagdola*, der zweitausend Jahre alten, höchst angesehenen gesetzgebenden Versammlung, weigerten sich eine Zeitlang, die Eigenschaften Gottes zu nennen. Wenn er groß und mächtig ist, warum läßt er dann den Feind gewähren? Auch heutzutage kann man sich für die Auflehnung gegen Gott entscheiden und doch innerhalb des Judentums bleiben. Aber diese Auflehnung sollte sich tagtäglich und Nacht für Nacht erneuern im Zusammenhang mit dem Glauben und nicht durch die Ablehnung des Glaubens. Anders gesprochen, die Verweigerung muß, um einen Wert zu haben, einen Zugang zur Annahme eröffnen. Jedesmal muß der Mensch erklären: „Herr des Weltalls, ich weiß es und Du weißt es auch, daß jetzt die Stunde des Gebetes ist …, aber ich will es nicht wissen. Es ist mir bewußt, daß ich beten muß, beten müßte, aber ich werde es nicht tun, hörst du mich, Herr des Weltalls?" Wenn einer so handelt und redet, dann wird sein Nein zu einem Ja, seine Weigerung zu beten wird zum Gebet.

Die andere Möglichkeit: Wir harren in unseren Gebeten aus und zwingen Gott, seinen Attributen zu entsprechen, wie es Rabbi Mendel von Kozk einmal sagte: „Wir flehen Gott unseren Vater an, flehen ihn so lange an, bis er schließlich unser Vater wird." Man nennt ihn mit anderen Worten so oft gerecht und barmherzig, daß er es am Ende wird. Das bedeutet paradoxerweise, daß er es nicht ist. In diesem Fall ist das Gebet nur eine andere Form der Herausforderung und des Protestes. Man beschwört seine Liebe, weil man an der Abwesenheit seiner Liebe leidet, und weil er Gewalt und Blutvergießen gestattet hat, verherrlicht man seine Güte. Das Gebet erscheint so als ein Mittel, seinen Namen trotz der Massengräber zu heiligen und unsere Segenswünsche hinauszuschreien trotz der blutroten Schatten, die den Horizont verdunkeln. „Aus der Tiefe rufen wir zu Dir", heißt es in den Psalmen. Obwohl wir uns im tiefsten Abgrund befinden, rufen wir zu Dir, verlangen wir nach Dir. Trotz allem, was du deinem Volke getan oder mit ihm hast geschehen lassen, singen wir Dein Lob. Je schwerer es ist, desto inbrünstiger wird unser Gesang.

Ich weiß nicht, ob nach den Konzentrationslagern der Mensch im Stande ist oder überhaupt das Recht hat, diese beiden Möglichkeiten für sich in Anspruch zu nehmen, aber ich weiß, daß es während des ganzen Feuersturms in den Gettos und Lagern, inmitten der Feuer- und Todesmauern Juden gab, die von dieser Möglichkeit Gebrauch gemacht haben.

Es ist eines der ergreifensten Geheimnisse dieser Epoche, daß sogar im Reich des Todes und der Erniedrigung, die schlimmer ist als der Tod, Männer und Frauen sich unter Gefahr ihres Lebens alle nur erdenkliche Mühe gaben, soviele religiöse Gebote wie nur möglich zu befolgen. Manche fasteten am Versöhnungstag, weigerten sich während der Dauer des Pessachfestes ein Stück Brot hinunterzuschlucken. Ich kenne andere, die niemals Fleisch gegessen haben, das nicht koscher war.

Ich erinnere mich und werde mich stets an die fahle Morgendämmerung in Auschwitz erinnern, als wir Schlange standen, um die Gebetsriemen anzulegen, die jemand auf irgendeinem Weg ins Lager hatte einschmuggeln können. Ich erinnere mich und werde mich stets an die Feier des Neujahrsfestes, unter einem blauen eiskalten Himmel erinnern, an die Gebete, die wir für die Toten und Lebenden sprachen. Ich erinnere mich aller Worte, die wir „dort unten" benutzt haben, um Gott für seine Güte, seine Wohltaten und seine Liebe zu danken, die er für seine Kinder übrig hatte.

Bisweilen kann ich einfach nicht begreifen, wie sie, wie wir das alles sagen und an diesem Ort sagen konnten. Ich weiß nicht, ob es ein Versuch unsererseits war, den Richter zu richten oder ihn für unsere Verzweiflung und Ohnmacht verantwortlich zu machen?

Nach der jüdischen Tradition kann sich jede Situation in eine Herausforderung verwandeln, jedes Gebet in einen Appell. Der Mensch revoltiert trotz seines Glaubens, lehnt sich weiter auf trotz seines Glaubens und bekräftigt seinen Glauben trotz seiner Auflehnung.

Nun hat es aber niemals einen ähnlichen Zusammenstoß zwischen Gott und dem Menschen gegeben wie „dort unten". Niemals war die Probe so total und nie war das Ergebnis so obskur.

Der theologische Protest, der ausgesprochen wurde, hatte nichts mit Atheismus zu tun. Im Gegenteil. Die Worte zeigten Annahme, Unterwerfung und Segen an. Sie sprachen den Kaddisch und wandten sich den Massengräbern und den Flammen zu. Freiwillig oder unfreiwillig, bewußt oder unbewußt, hatten sie damit eine Anklage von nie dagewesener Kühnheit erhoben.

Ist das also die Antwort? Nein, es ist die Frage. Was ist der Glaube? Bedürfnis oder Kunstgriff? Ausdruck der Schwäche oder der Stärke?

Der Gaon Rabbi Elijahu von Wilna sagte einmal, das schwerste Toragesetz sei das, welches uns befehle, während der Feste Freude zu empfinden. Warum sollte das schwer sein? Das verstand ich nicht und habe es erst im Kriege endlich begriffen. Für Juden auf dem Wege nach Birkenau, die in den verriegelten Waggons am Abend des Simchat Tora, des Festes der Gesetzesfreude, tanzten, für die Juden, die trotz Sklavenarbeit und Stockschlägen am Vorabend des Sabbat und am Sabbat selbst lautlos die Sabbatgebete sangen, für sie war es schwer, die Gebote zu beachten und unmöglich, sie zu erfüllen, aber trotzdem ...

Kommen wir auf den traurigen Helden meiner Geschichte zurück. Wir verließen ihn in dem Augenblick, als es ihm, von seinen schmerzlichen Gedanken gemartert, nicht gelingen wollte, den Satz auszusprechen: „Und Du wirst uns lieben mit einer großen Liebe." Am Ende wird er es trotzdem sagen, mit zusammengebissenen Zähnen zwar, aber er wird es sagen. Warum wohl? Weil andere Juden es vor ihm gesagt haben. Mit welchem Recht sollte gerade er sie im Stiche lassen? Mit welchem Recht könnte er ein Gebet unterbrechen, das andere Juden andernorts lebendig gehalten haben?

Sicher, er zögert, aber ohne dieses Zögern würde sein Gebet nur eine liebgewordene Gewohnheit sein. Durch sein Zögern macht er eine Mahnung daraus und eine Geschichte. Denn wir teilen schließlich doch alle den Wunsch Rabbi Nachmans von Bratzlaw. Was nun mich, seinen Schüler, betrifft, so möchte ich gern, daß man aus meinen Geschichten – Geschichten, aus meinen Gebeten – Gebete machte, ohne daß jemand die einen von den anderen zu unterscheiden vermöchte, sogar ich selber nicht, ich am allerwenigsten.

Keiner ist allein wie Gott

Einsamkeit! Gibt es für den Menschen, für den Schöpfer, für den Juden ein Problem, das mehr Angst einflößt als sie? Die Einsamkeit, die notwendig und zerstörerisch zugleich ist, versichert mich meiner selbst und weist mich zurück: was wäre ich ohne sie, und was würde aus mir, wenn sie allein meinen Gesichtskreis beherrschte? Als Ebenbild Gottes geschaffen, ist der Mensch einsam wie Er. Und dennoch! Der Mensch kann, ja muß in Grenzsituationen noch hoffen; er kann sich wieder erheben und über sich hinauswachsen, um sich dann von Gott loszusagen oder sich in ihm wiederzufinden. Aber Gott? Gott ist der einzige, der zu ewiger Einsamkeit verurteilt ist. Gott ist im wahrsten Sinne des Wortes und unwiderruflich allein.

Die chassidischen Meister und Mystiker bewegt dieses Thema leidenschaftlich. Für sie ist Gott vielfach beklagenswert. Gott flößt ja nicht nur Liebe und Frömmigkeit, Gerechtigkeit und Milde ein, sondern auch Mitleid und Erbarmen. Wenn der Mensch sich, um es genauer zu sagen, Herz und Seele den dunklen und faszinierenden Geheimnissen der Schöpfung öffnet, kann er – streng genommen – für den Schöpfer nur ein Gefühl des Mitleids haben: Mitleid mit dem Vater, der mit seinen Kindern leidet, weil sie leiden und manchmal durch ihn leiden müssen; Mitleid mit dem Richter, dessen Strenge das gewöhnliche Maß überschreitet; Mitleid mit dem König, dessen Krone so oft durch den Staub gezogen wird, dessen Wort kaum gehört und dann noch schlecht verstanden und falsch gedeutet wird; Mitleid mit dem Herrn, der überall und immerdar gegenwärtig ist, in jedem Ding, in jeder Tat, sogar im Schmerz, sogar im Bösen, sogar in der Not, sogar in seiner Abwesenheit, die die Menschenwesen martert. Und von diesen Menschen sind die einen Gefangene der anderen, und alle sind sie Gefangene ihrer Einsamkeit.

Was wäre denn der Mensch, wenn er sich in seinem tiefsten Wesen nicht nach dem andern sehnte und nach ihm riefe, um seine Einsamkeit zu durchbrechen! Gelingt es ihm, muß er ein Stück von sich selber aufgeben, und er lebte dann in der Dauer und nicht in der Zeit. Aber kann er andererseits so handeln, wenn er im voraus weiß, daß er nicht ans Ziel gelangen wird, ja nicht gelangen darf?

Adam als das Einzelwesen, das er ist, kennt diese Probleme nicht, und gerade darin besteht sein Problem. „Es ist nicht gut, daß der Mensch allein sei", lautet die Überlegung Gottes: Da entdeckt Adam seine Gefährtin

Eva an seiner Seite. Eva wurde natürlich zum Wohle ihres Mannes erschaffen. Sie sollte ihm dadurch helfen, daß sie ihm Widerstand entgegensetzte und ihn herausforderte; sie sollte sein Leben bereichern und Begierden, Ehrgeiz und Sehnsucht in ihm wecken. Eva also als Heilmittel gegen die Einsamkeit, gegen jenen Teil des Ichs im Menschen, der unbekannt bleibt. Ohne Eva wäre Adam ein Mensch, aber nicht menschlich gewesen. Ist nun sie sein Problem? Nein, er selbst ist es, er selbst in Bezug auf Eva. Vorher lastete die Einsamkeit schwer auf ihm, aber jetzt fehlt sie ihm. Vorher war ihm nicht bewußt, daß er allein war, aber jetzt macht er diese Erfahrung und wird fortan in einem Teufelskreis leben. Er fühlt sich zwar weniger allein, weil jemand da ist. Aber er fühlt sich in verstärktem Maße allein, weil er nun um seine Einsamkeit weiß. Eine Lösung für dieses Problem gibt es nicht. Und es kann sie auch gar nicht geben. Ein Midrasch-Text gibt zu, daß die Erschaffung Evas Gott mehr als Adam dienen sollte. Gott war sehr an dieser Heirat gelegen, damit aus Adam nicht eine Gottheit gemacht werde und man nicht sagen könne, Adam sei auf der Erde Gott, so wie es sein Schöpfer im Himmel sei. Einzelgängern muß man mißtrauen, hier unten wie dort oben. Kein göttliches Attribut scheint so beneidenswert zu sein wie die Einsamkeit.

Weil das Problem der Einsamkeit so schwierig ist, darum ist sie auch die Basis so vieler philosophischer Überlegungen und so vieler religiöser Bewegungen. Wenn ich „ich" sage, auf was oder vielmehr auf wen beziehe ich mich da? Jedes Nachdenken darüber geht gewissermaßen von einem Doppelwesen aus, das für eine derartige Reflexion unabdingbar ist. Wenn ich dieses oder jenes zu mir sage, stellt sich doch die Frage, wer von beiden bin ich denn: jener, der spricht, oder jener, der zuhört? Diese beiden Seiten meines Ichs sind wie durch eine Mauer voneinander getrennt. Sie könnte nur durch ein absolutes und unauslöschbares Bewußtsein überstiegen, vielleicht sogar überwunden werden. Das Ich auf jeder Mauerseite ist allein. Und gleichwohl ist jedes dieser beiden Ichs in der Einsamkeit des andern eingewurzelt. Das ist auch der Grund, weshalb eine bestimmte jüdische Tradition den Gebrauch des Ich im Singular verbietet. Nur Gott kann sagen: Ich. Gott allein definiert sich in Bezug auf dieses Ich. Gott ist der einzige, der nicht das Verlangen hat, aus sich herauszutreten, um er selbst zu sein. Ich unterbreche hier diese Meditation, die uns immer wieder auf uns selbst zurückwirft.

Als ich ein Kind war in jener kleinen jüdischen Stadt tief in den Karpathen, hatte ich schreckliche Angst vor der Einsamkeit; denn sie bedeutete Verlassenheit. Des Abends wartete ich auf die Heimkehr meiner Eltern, und in gleicher Weise wartete ich am Morgen auf das Erscheinen meiner Meister und meiner Schulkameraden: vielleicht war ihnen etwas zugestoßen … Vor allem wollte ich nicht eines Tages ganz allein und von ihnen getrennt sein, ausgeschlossen von ihren Erfahrungen, so schlimm sie auch immer sein mochten. Ich ahnte dunkel, daß in meiner Familie, in meiner Gemeinde meine einzige Überlebenschance lag. Ein Leben oder Überleben außerhalb dieser Gemeinschaft erschien mir unvorstellbar. Es war, um es anders auszudrücken, so, daß ich die kollektive Einsamkeit akzeptierte, nicht aber die individuelle.

Die kollektive Einsamkeit flößte mir keine Angst ein, sie war für mich etwas Altgewohntes. Sie bestand ja bereits seit Ägypten, seit dem Sinai. Sie war ein Teil unserer Berufung: wer sich unterscheiden will, muß sich isolieren. In einer Gesellschaft aus Heiden und Götzendienern waren wir für eine bestimmte Zeit die einzigen, die an einen einzigen Gott glaubten, die einzigen, die ihm die Treue wahrten. In einer Welt der Gewalt waren wir die einzigen, die sich dem Mord widersetzten, der Lüge, der Sinneslust, der Knechtschaft und nicht zuletzt der Demütigung und Erniedrigung, die die schlimmste Form von Knechtschaft ist. Aber so gesehen bedeutete das eigene Absondern nicht das Ausschließen eines andern und schon gar nicht das Lossagen von einem andern. Im Einklang mit der jüdischen Überlieferung dachten wir, daß die Torah, das Gesetz und die überlieferte Lehre, als Wesenskern des Judentums für die Juden das beste Mittel war, das ihnen half, ihre Besonderheit zu bewahren und sich innerhalb ihrer bindenden Verpflichtungen zu verwirklichen. Mit anderen Worten: Der Jude ist aufgrund seines eigenen Wesens und seiner Identifikation mit der Torah imstande, im Zeichen der Wahrheit zu seiner Vollendung zu gelangen. Gleichzeitig kann aber auch ein Nichtjude, der den ihm eigenen Weg geht, zur gleichen Stufe der Wahrheit gelangen. Wenn es zum Menschen gehört, nach Vollendung zu streben, dann kann auch jeder auf seinem je eigenen Weg dorthin gelangen. Jude sein wollte besagen, daß Existenz und Leben sich nicht gegen die anderen richtete, sondern sich Seite an Seite mit ihnen vollzog. Der heidnische Prophet Bileam wollte uns verfluchen, indem er die Absonderung auf uns herabrief. Doch sein Fluch wurde in Wahrheit zu einem Segen. Im Laufe der Zeit verwandelte sich der Segen jedoch wieder in einen Fluch, aber dann bedeutete das Wort *„levadad yiskon"* nicht mehr Isolierung, sondern Ausgeschlossensein und zwar in jeder Hinsicht: Ausgeschlossen aus der Gesellschaft, aus der Geschichte und schließlich auch aus der Menschheit. Es ist wohl nicht erforderlich, an dieser Stelle Dinge zu wiederholen, die, wie ich hoffe, dem Leser bekannt sind. Die Gettos, die Entbehrungen, die Plünderungen, die Pogrome, die haßerfüllten und absurden Verdächtigungen, die Verfolgungen aus rassischen oder religiösen Gründen, Jahrhunderte lang und in den Ländern der Christenheit, bis zu den Opferaltären der Nazis, für die die Namen Auschwitz und Treblinka stehen. Wodurch waren denn meine Vorfahren und ihre Nachkommen umgekommen? Doch dadurch, daß die Menschheit beschlossen hatte, sie auszuschließen, um sie besser zu zertreten, zu entstellen und auszulöschen.

Dieser Prozeß war simpel, aber doch höchst wirkungsvoll. Man nahm uns unsere Tugenden und verkehrte sie in ihr Gegenteil, um sie der Lächerlichkeit preiszugeben. Und dann warf man uns dieses unser Verhalten vor, unsere lächerliche Art zu glauben und zu leben. Man machte aus unserem Sinn für die Unterscheidung das Streben, etwas Besonderes sein zu wollen, aus unserer Einsamkeit Absonderung, aus unserer Treue machte man Unterwürfigkeit, aus unserem Glauben Verzweiflung.

Manchmal weiß ich nicht, was mehr in Erstaunen setzen müßte, die Einsamkeit, die uns von außen aufgezwungen wurde, oder die Hartnäckigkeit, die wir bewiesen haben, um sie zu durchbrechen, ohne dabei im Grunde etwas preiszugeben, d. h. von den Kräften, die die Substanz und die innere Kraft ausmachten, etwas zu opfern.

Die Methoden, die wir anwandten, waren zahlreich und unterschiedlich. Wir widmeten uns nicht nur deshalb dem Studium, um uns altes Wissen anzueignen, sondern auch, um dabei unseren Vorläufern zu begegnen. Ihnen verdankten wir es, daß wir uns weniger einsam fühlten. Geheimnis und Macht des Talmud bestehen darin, daß seine Menschen lebendige und gegenwärtige Gestalten sind. Sie stellen uns Fragen, als seien sie unsere Zeitgenossen, als ob unsere Probleme sie beträfen und ihre Probleme uns. Ich bin Rabbi Shimon bar Yohai in seinem Keller, und er und ich, wir beide, sind nicht mehr so allein. Ich höre Rabbi Akiba zu, und seine Stimme rührt mich an, während die von Rabbi Zeira mich tief bewegt. Ihre Gegenwart ist nicht meine Vergangenheit, sondern meine eigene Gegenwart.

„Der Mensch ist nicht allein", so sagte der Baal-Schem, Begründer der chassidischen Bewegung, zu seinem Gefährten Rabbi Pinchas von Korez. „Die Vergangenheit zählt, sie bevölkert unsere Einsamkeit. Du und ich, wir müssen uns ihrer bewußt sein, die anderen auch. Wir alle haben einst Frondienst geleistet in Ägypten, um die heilige Sprache zu bewahren, die Namen unserer Väter und das Gedenken an den Bund; wir alle saßen zu Füßen der Propheten, von denen wir die Lehre empfingen; wir alle sind Rabbi Jochanaan ben Sakkai ins

Exil gefolgt und wir alle lauschten den schrecklichen Worten Schim bar Jochais. Und deshalb müssen wir vereint bleiben."

Sie blieben es.

Wenn die chassidische Bewegung so rasche Erfolge aufzuweisen hatte, wenn es ihr im 18. Jahrhundert in verhältnismäßig wenigen Jahren gelang, in so zahlreichen, vom Dnjepr bis zu den Karpathen zerstreuten jüdischen Gemeinden Wurzel zu fassen, so deshalb, weil sie eine Antwort, vielleicht sogar ein Heilmittel gegen die Einsamkeit darstellte. Ein Chassid, ein Begeisterter, dessen Antriebskräfte Liebe und Zärtlichkeit sind, ist nie allein. Und wenn er es ist, hat er seinen Rabbi, seinen Meister, der mit ihm und in ihm ist. Es genügt, wenn er sich sein Gesicht am Sabbat vorstellt, um aus seiner Einsamkeit auszubrechen. Wenn die Last des Lebens zu schwer wiegt, wenn er sich mutlos und niedergeschlagen fühlt, braucht er sich nur aus dem Alltag der verlorenen Dörfer loszureißen und sich auf den Weg zum Hof des Rabbi zu machen. Dort trifft er seine Freunde, seine reichen und armen Gefährten, Gelehrte und Ungebildete. Und sie singen gemeinsam, tanzen gemeinsam, feiern gemeinsam die jüdische Solidarität, die Treue zu Gott und seinen Geschöpfen, bekräftigen gemeinsam ihre Überzeugung, daß der Mensch zum Guten wie zum Bösen jenes rätselhafte Geschenk des Himmels empfangen hat, die unerbittlichste Einsamkeit auf sich zu nehmen und gleichzeitig das Mittel zu haben sie zu überwinden, sie in Hoffnung und Sehnsucht zu verwandeln. Freude und Glück in ihrer ganzen

Fülle habe ich als Kind und Heranwachsender bei den Chassidim erfahren, zusammen mit unserem Meister an einem ganz gewöhnlichen Sabbat oder an einem besonderen Festtag, nie habe ich seither ähnliches empfunden. Und wenn mich heute noch oft das Heimweh überkommt, so ist es das Heimweh nach diesen Zusammenkünften, nach dieser Freude und Fülle von damals. Keine Einsamkeit und kein Leiden können je stärker sein.

Ich erinnere mich und denke an so manchen Chassidim in jenem Reich der Nacht. Dort haben wir die letzte Summe aller Erfahrungen kennengelernt. Denn wir haben damals die Grenzen der Angst und der Einsamkeit und gleichzeitig des Kampfes gegen beide überschritten. Die Angst jenseits der Angst, die Einsamkeit im tiefsten Kern der Einsamkeit, die nackte Verzweiflung, die Traurigkeit, die bar jeder Schminke, jeder Äußerlichkeit war, und für die die Sprache keine Worte hat.

In meinem Buch „Die Nacht" habe ich eine Szene aus jenem Universum der Einsamkeit, aus jener verriegelten Hölle des Konzentrationslagers Birkenau, geschildert:

Als wir eines Tages von der Arbeit zurückkamen, sahen wir auf dem Appellplatz drei Galgen. Antreten. Ringsum die SS mit drohenden Maschinenpistolen, die übliche Zeremonie. Drei gefesselte Todeskandidaten, darunter ein Kind mit feingeschnittenen schönen Gesichtszügen, der Engel mit den traurigen Augen, wie wir ihn nannten.

Die SS schien besorgter, beunruhigter als gewöhnlich.

Ein Kind vor Tausenden von Zuschauern zu hängen, war keine Kleinigkeit. Der Lagerchef verlas das Urteil. Alle Augen waren auf das Kind gerichtet. Es war aschfahl, aber fast ruhig und biß sich auf die Lippen. Der Schatten des Galgens bedeckte es ganz.

Diesmal weigerte sich der Lagerkapo, als Henker zu dienen. Drei SS-Männer traten an seine Stelle.

Die drei Verurteilten stiegen zusammen auf ihre Stühle. Drei Hälse wurden zu gleicher Zeit in die Schlinge eingeführt.

„Es lebe die Freiheit!" riefen die beiden Erwachsenen. Das Kind schwieg.

„Wo ist Gott, wo ist er?" fragte jemand hinter mir.

Auf ein Zeichen des Lagerchefs kippten die Stühle um.

Absolutes Schweigen herrschte im ganzen Lager. Am Horizont ging die Sonne unter.

„Mützen ab!" brüllte der Lagerchef. Seine Stimme klang heiser. Wir weinten.

„Mützen auf!"

Dann begann der Vorbeimarsch. Die beiden Erwachsenen lebten nicht mehr ... Aber der dritte Strick hing nicht reglos: der leichte Knabe lebte noch ...

Mehr als eine halbe Stunde hing er so und kämpfte vor unseren Augen zwischen Leben und Sterben seinen Todeskampf. Und wir mußten ihm ins Gesicht sehen. Er lebte noch, als ich an ihm vorüberschritt. Seine Zunge war noch rot, seine Augen noch nicht erloschen.

Hinter mir hörte ich denselben Mann fragen:

„Wo ist Gott?"

Und ich hörte eine Stimme in mir antworten:

„Wo er ist? Dort – dort hängt er, am Galgen ..."

Das war das Universum der Einsamkeit.

Wenn Sie wüßten, wie viele es waren und wer sie waren, die fast gestrauchelt und gefallen sind: Väter und Söhne wurden nicht selten wegen eines Stücks Brot zu erbitterten Feinden, Freunde und Brüder schlugen sich um einen Löffel Suppe, wegen eines kurzen Aufschubs, um eine dickere Jacke. Wenn Sie die Zahl der freigeistigen Intellektuellen und die Zahl der Sadisten unter den Intellektuellen wüßten! Ja die Zahl derer, die sich für das Böse entschieden hatten, war sehr groß. Sie warfen alle Prinzipien ihrer Erziehung über Bord, sie bestanden die Probe nicht, vor die sie gestellt waren. Aber die Menschen mit religiöser Überzeugung, die Priester aus dem Widerstand, sie haben ihre Haltung bewahrt. Keiner war zur Kollaboration bereit, um seine Haut zu retten. Und das gilt in gleicher Weise und noch stärkerem Maße für die Rabbiner. Keiner, ich wiederhole: kein einziger, war bereit, die geringe Möglichkeit, die ihm geboten war, zu leben oder besser und länger zu leben, zu ergreifen auf Kosten seiner Kameraden und seiner Leidensgefährten. Ganz im Gegenteil. Sie legten eine Selbstverleugnung an den Tag, die die Mörder verlegen machte und sie in gewissem Sinne bestürzte. Was nun die Chassidim betrifft, und an zwei von ihnen erinnere ich mich hier besonders, so erhoben sie sich himmelhoch darüber durch ihre Glaubenskraft und ihren Gemeinschaftsgeist. Sie beteten an den Tagen des neuen Jahres, sie entschlossen sich mit Jubel – ja Sie haben richtig gelesen: mit Jubel – das Fest der Gesetzesfreude zu feiern. Und dies alles geschah unter Verhältnissen, die die Opfer entmenschlichen sollten und wobei der Mörder sich doch selbst jeder Menschlichkeit beraubte. Heute noch schaudert mein Verstand und kann nicht den verborgenen Sinn, die brutale Wahrheit dessen begreifen, was ich gesehen habe. Wie war es möglich, daß es hier die reine Menschlichkeit und dort die niedrigste Unmenschlichkeit gab? In Birkenau zu Gott zu beten, im Schatten der Schornsteine, wie ist das erklärlich? Wie konnten wir zu Gott rufen auf den Trümmern seiner Schöpfung?

Diese Themen behandle ich in meinen Erzählungen. Man kann es auch anders ausdrücken, daß ich von ihnen bis in mein Schreiben hinein besessen bin. Als Erzähler mache ich aus der Einsamkeit einen Kampf gegen die Einsamkeit.

Was heißt eigentlich schreiben? Ich mache mir Worte zu eigen, die jedermann gehören. Und dann entstehen daraus meine eigenen, sie tragen mein Zeichen und mein Siegel. Jedes von ihnen ist mein Spiegelbild – verdammt mich oder bleibt mir treu. Das Band zwischen den Worten, die ich verwende, und mir wird zu einer existentiellen Last. Ich bin mit ihnen allein, aber ohne sie wäre ich es noch viel stärker.

Früher oder später werden sie zur Begründung für mein Leben und Schaffen. Daher rührt ihre Ambivalenz. Wenn sie singen, fühle ich mich in den Himmel erhoben, wenn sie grau und alltäglich sind, bin ich wie ohne Leben.

Jeder schöpferische Mensch kennt die gleichen Gefühle höchsten Aufschwungs und tiefster Niedergeschlagenheit. Samuel Beckett schrieb in „kausaler Verzweiflung". Rabbi Nachman erzählte Geschichten, um daraus Gebete zu machen.

Wenn ein anderes Ich meine Erzählungen schreiben könnte, hätte ich sie nicht geschrieben. Ich habe sie geschrieben, um sie zu hinterlegen. Mir kommt die Rolle des Zeugen zu. Daher rührt die Einsamkeit, die auf jedem meiner Sätze lastet, und auf allem, was ich verschweige. Jedes Buch ist zugleich mein erstes und mein letztes. Und jede Geschichte erzählt vom Leben und vom Kampf des ersten und des letzten Juden, die ihre gemeinsame Einsamkeit haben. Wenn ich nicht erzählte oder etwas anderes erzählte, hieße das, sie verraten, sie im Stich lassen und schlimmer noch: ein falsches Zeugnis ablegen. Ich mag Sighet oder Jerusalem, Abraham oder Baal-Schem Tow erstehen lassen, jedesmal handelt es sich um meinen Zeitgenossen, der mir ein Zeichen gibt und dem ich ein Zeichen gebe: sie eilen uns zur Hilfe.

Geschah dies auch in dunkelster Zeit? Unsere Einsamkeit in jenen Jahren strafte alle vorangegangenen Fälle Lügen. Von den Menschen verlassen und von Gott vergessen, fühlte sich der jüdische Mensch aus der Schöpfung verstoßen, und dann, in einem Augenblick, der gähnend leer wie der aufgerissene Rachen eines Tieres war, mußte er sich zwangsläufig in seinem tiefsten Innern die Frage stellen: Ist das das Ende? In gewisser Hinsicht konnten wir diese Frage bejahen. Es war das Ende einer Epoche, das Ende einer Illusion. Vielleicht sogar das Ende der Welt, nur brauchen wir Zeit, um es zu begreifen.

Orwell war nicht bloß Schriftsteller, er war auch ein Prophet. Ist es bloßer Zufall, daß er das Jahr 1984 als Schicksalsjahr gewählt hat? Ich glaube nicht. Es genügt, in Selbstgefälligkeit zu verfallen und dem Vergessen nachzugeben, damit die Folgen von Auschwitz das Hiroshima von morgen heraufbeschwören. Und der Messias, werden Sie mich fragen, wo soll darin noch Platz für den Messias sein? Ich glaube immer noch an ihn. Ich glaube aus ganzem Herzen und mehr als je zuvor an ihn. Aber sein Kommen hängt von uns ab. Die Texte der Kabbala sagen es so: Für das Kommen des Erlösers bestimmt der Mensch und nicht der Herr die Zeit und die äußeren Umstände.

Das führt mich zurück zu dem, was ich am Anfang sagte: ich sprach von Mitleid, von Mitleid mit Gott.

Sicher hat mich wie jedermann der Zorn gepackt. Und ich habe meine Stimme zu lautem Protest erhoben. Das bedaure ich nicht. Aber mit den Jahren habe ich den Zwiespalt der Frage, die den modernen Menschen bewegt, begriffen. So wie ich das Recht habe, den Richter aller Menschen zu fragen: warum hast Du Auschwitz zugelassen?, so hat Er das Recht, uns die Frage zu stellen: warum habt ihr Meine Schöpfung mißbraucht? Mit welchem Recht habt ihr die Bäume des Lebens gefällt, um daraus einen Altar zum Ruhme des Todes zu errichten? Mit einem Mal denkt ihr an Gott in seiner strahlenden himmlischen Einsamkeit und fangt zu weinen an. Ihr weint um Ihn und über Ihn. Ihr weint so sehr, daß auch Er nach der Überlieferung des Talmud zu weinen anhebt, so daß Eure und seine Tränen sich treffen und zusammenfließen, wie zwei tiefe und nach einem Gegenüber lechzende Einsamkeiten sich vereinigen können.

Gott weiß,
was Leiden heißt

Der Midrasch erzählt: Wenn der Heilige, gelobt sei er, kommen wird, um die Kinder Israels aus der Verbannung zu befreien, werden sie ihm sagen: ‚Herr der Welt, Du warst es, der uns unter den Völkern verstreut hat, indem Du uns aus Deiner Heimstatt vertriebst, und jetzt bist wiederum Du es, der uns dorthin zurückführt?‘ Dann wird der Heilige, gelobt sei er, mit diesem Gleichnis antworten: ‚Ein König vertrieb seine Frau aus dem Palast und holte sie am nächsten Tag wieder zurück. Die Königin fragte ihn erstaunt: Warum hast du mich gestern weggejagt, wenn du mich doch wieder zurückholst? Und der König antwortete ihr: Wisse, daß auch ich den Palast verließ und Dir folgte, ich konnte dort nicht allein wohnen. Und der Heilige, gelobt sei er, sagte den Kindern Israels: Als ich sah, daß ihr meine Heimstatt verlassen habt, habe auch ich sie verlassen, um zusammen mit euch zurückzukehren.‘

Denn Gott begleitet seine Kinder in die Verbannung: dieses Thema beherrscht die Gedankenwelt des Midrasch und der Mystik in der jüdischen Tradition. Die

Vereinsamung Israels spiegelt auch die Einsamkeit Gottes wider. Und das Leiden der Menschen findet seine Fortsetzung im Leiden ihres Schöpfers. Zwar ist die Strafe von Gott selbst auferlegt. Aber sie gilt nicht nur denen, die er züchtigt. Sie schließt den Richter selbst mit ein. Gott will es so. Der Vater kann sich wohl im Zorn offenbaren und Strenge hervorkehren, aber er will sich nie abseits halten. Gott war bei der Schöpfung anwesend und ist ein Teil von ihr. Dies ist der Schlüsselsatz jüdischer Mystik: „Kein Raum ist leer von Gott." Er ist überall, auch im Leiden und selbst in der Züchtigung. Die Trauer Israels und die Trauer der *Schechina*, der offenbar gewordenen Seite Gottes, sie gehören beide zusammen: Gemeinsam erwarten sie die Erlösung. Die Erwartung des einen macht die verborgene Größe des anderen aus. So wie den Kindern Israels das Leid der *Schechina* unerträglich scheint, zerreißt die Qual Israels das Herz der *Schechina*.

Es geht auch um Solidarität. Was uns zustößt, das berührt ihn; was Ihm zustößt, das betrifft auch uns. Wir erleben das gleiche Abenteuer, und wir nehmen teil an der gleichen Suche. Wir leiden aus den gleichen Gründen und geben unserer gemeinsamen Hoffnung den gleichen Sinn.

Nun ergeben sich aus dieser Solidarität des Leidens gewisse Schwierigkeiten. Es ist nämlich nicht eindeutig klar, was bewirkt werden soll. Sollen unsere Prüfungen auf Erden dadurch schwerer oder leichter werden? Hilft uns der Gedanke, daß Gott auch leidet, mit uns, also unseretwegen? Hilft uns dieser Gedanke, unsere Not zu ertragen? Oder wird sie im Gegenteil dadurch noch schwerer?

Einerseits können wir uns sagen, daß wir kein Recht haben zu klagen, weil Gott auch weiß, was Leiden heißt. Andererseits aber können wir sagen, daß diese Leiden einander nicht aufheben, sondern sich im Gegenteil summieren. Mit anderen Worten: Leid, das aus verschiedenen Quellen zusammenfließt, häuft sich an und wächst. Es gleicht sich nicht aus. Daher wäre für uns das göttliche Mitleiden kein Trost, sondern zusätzliche Strafe. An diesem Punkt sollte es uns erlaubt sein, den Himmel zu fragen: Haben wir nicht genug an unserem eigenen Leid zu tragen? Warum bürdest Du uns noch das Deine auf?

In Wahrheit aber steht es uns in keiner Weise zu, für Gott zu entscheiden. Er allein trifft Seine Wahl in bezug auf die tausend Möglichkeiten, Seine Leiden mit den unseren zu verbinden. Wir können sie weder herausfordern, noch sie zurückweisen. Wir können nur versuchen, uns ihrer würdig zu erweisen. Ohne zu verstehen? Ja, ohne zu verstehen. Auf der Ebene Gottes fällt alles in den Bereich des Mysteriums.

Wir wissen, daß Er leidet, denn Er will, daß wir es erfahren. Wir kennen Sein Verhalten im Exil. Denn Er hat es zugelassen, daß davon eine eindringliche Schilderung überliefert ist. Aber wissen wir, wann Sein Wort uns durchdringt und wann Sein Schweigen uns erschauern läßt? Wir kennen ja noch nicht einmal Seinen Namen. Als Moses Ihn fragt, wie Er heiße, da lautet Seine Antwort: „Ich werde sein, der ich sein werde", d. h. ich gebe mich nicht in der Gegenwart zu erkennen, mein Name erwartet euch in der Zukunft. „Und an jenem Tage", sagt der Prophet, „wird Gott eins sein und sein Name wird eins sein." Soll das heißen, daß Gott, jetzt im Exil, mehr als einen Namen besitzt? Sagen wir, daß sein unaussprechlicher Name an mehr als einem Ort verstreut, verweht und zersplittert ist und mehr als eine Identität umfaßt. Aber diesen unaussprechlichen Namen kennen wir kaum. Wir können ihn nicht fassen. Es ist nicht das Tetragramm, der vierbuchstabige Gottesname JHWH. Es ist etwas anderes. Es ist der Name, den der Hohepriester früher, einmal im Jahr, während des Gottesdienstes an Jom Kippur im Heiligsten des Tempels in Jerusalem aussprach. Da der Tempel nicht mehr steht und seine Diener hingemordet wurden, scheint Gott Seinen Namen unserer Wahrnehmung entzogen zu haben. Was können wir also tun, um mit Ihm zu sprechen? Gott braucht keinen Namen, um gegenwärtig zu sein. Er ist sowohl in unserem Flehen wie in der Erfüllung. Er ist zugleich Frage und Antwort. Er ist für uns armselige Sterbliche gleichzeitig Bruch und Bindung, Schmerz und Heilung, Wunde und Frieden, Gebet und Vergebung. Er ist. Und das sollte uns genügen.

Aber ich gebe zu, daß mir das manchmal nicht genügt. Wenn ich an die Erschütterungen denke, die unser Jahrhundert erlebt hat, dann genügt es mir nicht. In diesem Zusammenhang sind für mich Gottes Standpunkt und seine Rolle von großer Bedeutung. Wie hat es Gott fertiggebracht, Sein Leiden noch zu vermehren, um das unserige auszuhalten? Soll man das eine als Rechtfertigung des anderen betrachten? Nein, bestimmt nicht. Nichts rechtfertigt Auschwitz. Wenn der Herr selbst mir darauf eine Antwort gäbe, wiese ich sie als irrig und falsch zurück. Treblinka hat alle Antworten getötet. Das Reich der Stacheldrahtverhaue wird für immer ein riesiges Fragezeichen bleiben. Man begreift es nicht mit Gott. Und man versteht es nicht ohne ihn. Angesichts einer beispiellosen Summe von Leid hätte Er handeln oder sich doch zumindest äußern müssen. Ich räume ein, daß Sein unendliches Erbarmen auch unsere Qual einschloß und ihr damit eine Dimension verlieh, die nur Er geben konnte. Aber auf welcher Seite stand Er? Nur auf der der Opfer? Sah er sich nicht als Vater aller Menschen? Und in dieser Rolle schlägt Er uns Wunden und wühlt uns im Innersten auf. Wie sollte man nicht einen Vater beklagen, der sieht, wie seine Kinder von Mördern hingeschlachtet werden, die doch auch seine Kinder sind? Gibt es eine grausamere Qual? Eine bitterere Gewissensnot?

Das ist das Dilemma, dessen sich der gläubige Mensch unter Schmerzen bewußt wird: Indem Gott dem Geschehen seinen Lauf ließ, wollte Er den Menschen etwas kundtun. Und wir wissen nicht, was. Daß Er litt? Er hätte Seiner Qual ein Ende machen können. Er hätte es tun *müssen*, indem Er das Martyrium Unschuldiger beendete. Warum hat Er es nicht getan? Ich weiß es nicht. Ich glaube, ich werde es nie erfahren. Zweifellos liegt Ihm nicht daran, daß ich es erfahre.

Es gab eine Zeit, da dieses Dunkel, in dem ich mich befand, meinen Zorn hervorrief, ja mich zur Auflehnung trieb. Später empfand ich nur noch Trauer. Auch heute noch.

Ich erinnere mich an eine andere Stelle aus dem Midrasch. Sie betrifft das Verhalten Gottes gegenüber menschlichem Leid. Der Midrasch kommentiert einen Vers des Propheten Jeremias. Zu der Stelle, wo Gott sagt: „Ich werde im Verborgenen weinen", stellt er fest: Es gibt einen Ort, der als „geheim" gilt, einen Ort, wohin sich Gott zurückzieht, wenn er traurig ist, um dort zu weinen.

Das Geheimnis dieses Geheimnisses? Hören wir eine letzte Legende: Als Gott die Leiden seiner unter den Völkern zerstreuten Kindern sieht, vergießt Er zwei Tränen, die in den Ozean tropfen; beim Fallen machen diese Tränen einen solchen Lärm, daß man es von einem Ende der Welt zum anderen hört.

Ich lese diese Legende gerne immer wieder. Und ich sage mir: Gott hat sicher mehr als zwei Tränen in das Meer der Geschichte vergossen. Aber die Menschen sind vermutlich feige. Sie stellten sich taub.

Der Fremde in der Bibel

In jener Nacht oder an jenem Tag – der Text macht hier keine genau Angabe – hatte Abraham eine Vision. Gott erneuerte seine Verheißungen, daß er nicht ohne Erben sterben und sein Leben auf Erden weder ausgelöscht noch vergessen würde. Denn die ganze Menschheit würde die Zukunft mit seinen Augen betrachten.

Abraham, erster eines Geschlechts, Gründer von Völkern, der erste, der gegen die Finsternis und ihre Idole wettert, der erste, der verkündet, daß Gott Gott ist und daß es deshalb die Aufgabe des Menschen ist, menschlich zu sein. Nach ihm wird die Geschichte einen anderen Verlauf nehmen, nichts wird mehr sein wie vorher.

„Schaue hinauf zum Himmel", spricht Gott, „und versuche, die Sterne zu zählen, deine Nachkommen werden so zahllos sein wie sie. "

Abraham jedoch überkommen Zweifel und Unruhe. Gott verspricht ihm dieses Land, Abraham aber möchte auch Beweise dafür: „Wie werde ich wissen, daß es mir gehören wird? "

Da läßt Gott ihn ein höchst seltsames Ritual vollziehen. Abraham nimmt ein dreijähriges Rind, eine drei-

jährige Ziege, einen dreijährigen Widder, eine Turtel-
taube und eine junge Taube, teilt sie mitten durch und
legt die Hälften einander gegenüber, die Vögel jedoch
bleiben ganz. Plötzlich sieht er, wie die Raubvögel sich
auf die zerteilten Tiere stürzen, und verjagt sie. Die
Sonne geht unter und Abraham, von schwerer, dumpfer
Angst erfüllt, fällt in einen tiefen Schlaf, und Gott
spricht zu ihm:

„Wisse, daß deine Nachkommen Fremde sein werden
in einem fremden Land; sie werden zu Sklaven gemacht
werden, Drangsal und Verfolgung erleiden vierhundert
Jahre lang. Aber ihre Unterdrücker werden bestraft und
deine Nachkommen Freiheit und Wohlstand kennen
lernen."

Inzwischen ist die Sonne untergegangen, und es
herrscht tiefste Finsternis. Da sieht Abraham wie ein
Wirbel aus Rauch und ein Feuerstrahl zwischen die
Fleischstücke fahren. Und Gott schließt einen Bund mit
ihm:

„Dieses Land gehört dir und den Deinen; vom großen
Fluß Ägyptens bis zum großen Flusse Euphrat … gehört
alles dir, dir und deinen Nachkommen."

Diese allegorische und verwirrende Stelle fesselt
unsere Aufmerksamkeit, denn sie enthält zum ersten
Mal den Begriff „Fremder." Gewiß ist Adam (und nicht
Abraham) der erste Fremde der Geschichte, er ist es vor
Eva und vor allem vor Gott, der ihn in die Enge treibt
und ihn direkt fragt: „Aber wo bist du denn?", und Adam
hat die typische Reaktion des Flüchtlings: er flieht, ver-
steckt sich und möchte sich unsichtbar machen.

Aber Abraham ist der Erste, der das Wort „Fremder"
kennenlernt; seine Nachkommen werden Fremde sein
in einem fremden Land. Diese Botschaft empfängt Abraham, als er sich zu Hause befindet, in eben dem Land,
von dem Gott sagte, er habe es seinen Kindern und Kin-
deskindern vorbehalten. Anders ausgedrückt: Abraham
befindet sich im Land der Verheißung, als Gott ihm
sagt, seine Nachkommen würden eines Tages vertrieben und von den Unterdrückern wie Opfertiere
behandelt werden.

Man kann sich demnach fragen, weshalb das Auf-
tauchen des Fremden in der Bibel an ein Versprechen
gebunden ist, und warum es zum Bund gehört und was
schließlich das Wort Fremder genau bedeutet. Wer ist
ein Fremder und wie wird man es? Und was muß man
tun, um kein Fremder mehr zu sein?

Der Mensch ist seinem Wesen nach ein Fremder. Er
kommt aus dem Nirgendwo, stürzt in ein Universum,
das vor ihm war und nach ihm sein wird, in eine Welt,
die ihn gar nicht brauchte.

Als Fremder verbringt er sein Dasein in Gesellschaft
von anderen Fremden, die er liebt, beneidet oder verachtet. Wenn er ihnen näher kommt, dann nur, um die
Distanz zu ermessen, die sie auf ewig voneinander
trennt. Sie gehören zusammen, sind aber nicht einander
gleich; denn es gibt drei Kategorien von Fremden.

Der erste Fremde ist neutral, steht über dem ganzen
Getümmel, ist nicht betroffen, ist indifferent, geradezu
abwesend. Ein christlicher Moralist des 15. Jahrhunderts
muß an einen solchen gedacht haben, als er folgenden

Rat erteilte: „Dein Verhalten auf Erden sei das des Fremden oder des Reisenden, den die Geschäfte der Welt nicht berühren."

Dann ist da der Fremde, der anregend, belebend, aufrüttelnd wirkt. Er braucht bloß aufzutauchen, und schon kommt Leben in die in ihrem alten Trott befangene Gesellschaft. Man versucht, Eindruck auf ihn zu machen, ihm zu schmeicheln, auf sich aufmerksam zu machen. Er ist der gute, der positive, der kreative Fremde. Sein Erscheinen ist ein Mittel gegen geistige Erschlaffung und verhilft zu neuer Spannkraft. Er ist die schillernde, geheimnisumwitterte Persönlichkeit, der fahrende Sänger, der Fürst, der seines Ruhms und seines Reichtums so überdrüssig ist wie der Weise seiner Abgeklärtheit, er ist wie der Ruf nach dem Sturm, der die Wogen peitschen soll.

Der dritte ist der feindliche oder sogar haßerfüllte Fremde. Er verbreitet Angst, er weigert sich, auch nur etwas von sich preiszugeben. Er kommt, um zu nehmen, nicht zu empfangen. Seinem Wesen nach böse, bricht er in das Heute ein, nicht um es zu bereichern, sondern zu schmälern und herabzumindern. Seine Mittel sind Haß, Groll und Mißtrauen. Er kann sich selbst nicht ausstehen, verachtet sich selbst und wünscht, daß du auch so wirst wie er. Seine Wut legt sich erst, wenn er dich durch den Dreck zu seinen Füßen oder an seiner Seite zieht. Er ist der geprellte Dieb, der wieder rückfällig werden will, der verhinderte Mörder, der nur an den Tod glaubt, an deinen Tod. Er ist der maskierte Henker, der Verwirrung stiftet. Er ist der Feind.

Alle drei Kategorien finden sich in der Bibel. Bevor wir uns näher mit ihnen befassen, merken wir lediglich an, daß das Problem, das sich durch den Fremden stellt, zu den dringendsten des Jahrhunderts und vielleicht sogar aller Jahrhunderte gehört.

Der Mensch ist heute von einem Gefühl des Scheiterns und der Vereinsamung beherrscht, mögen seine technischen Errungenschaften auch dagegen sprechen. Ein Gefühl der Entfremdung, der Nutzlosigkeit, der Sinnlosigkeit beherrscht ihn und er empfindet sich als leer, eingeengt, verzweifelt, der Welt und sich selber fremd; zwischen ihm und seinem Bewußtsein gibt es keine Verbindung, sondern klafft ein tiefer Riß. Der Mensch mag tun, was er will, er ist verdammt und verbannt. Er irrt umher und vergißt schließlich seinen Ausgangspunkt. Daher rühren Unbehagen und Depression, weil er nirgends zu Hause ist. Am Ende gibt er die Suche auf, alles ist schon versucht, alles ist gesagt und alles gelebt worden.

Also zieht er alles in Zweifel. Er ist unfähig, zu lieben und die Liebe abzulehnen, sich als Sterblicher unter den Sterblichen zu betrachten, Hilfe anzubieten oder anzunehmen. Er zweifelt an seiner eigenen Existenz. Bin ich auch sicher, mein eigenes Leben zu leben? Und wenn ich das Schicksal eines anderen lebte?

Dann greift er zu Betäubungsmitteln, bewegt sich am Rande des Todes und des Wahnsinns, läßt sich von Mystizismus, von Nihilismus, von Gewalt und Gegengewalt verführen, tut irgendwas mit irgendwem oder gegen irgendwen, um aufgerüttelt, um wach zu werden, um zu einer Gruppe Gleichgesinnter zu gehören, an einem Werk von Menschen teilzunehmen, voll und ganz und intensiv zu leben. Da es schon so viele Tote hinter uns und um uns gibt, meinen wir, zu ihnen zu gehören. Letztes Endes ist es wohl besser zu den Toten als zu nichts zu gehören. Meursault, der Fremde bei Camus, tötet vielleicht, um zu spüren, daß er lebt. Es ist besser Strafe zu erleiden als überhaupt nicht beachtet zu werden. Aus dem gleichen Grunde tötet man. Der Mörder und sein Opfer existieren füreinander auf die gleiche Weise, zur gleichen Zeit und sind durch die gleiche Tat miteinander verbunden. Für den Verurteilten ist der Henker kein Fremder.

Für den jüdischen Menschen ist das Problem ganz besonders gravierend, und die Gründe liegen auf der Hand. Von einigen Ausnahmen abgesehen wird er von Anfang an und überall als der Fremde schlechthin betrachtet. Als Verfolgter und Gejagter erregt er jenen Haß, der allen, die nicht zum Clan oder Stamm gehören, entgegenschlägt. Der Antisemitismus ist deshalb ein Barometer, das weit über die jüdische Frage hinausreicht. Die Humanität einer nationalen oder ethnischen Einheit ist an ihrem Verhalten gegenüber dem jüdischen Fremden, also dem Juden gegenüber, abzulesen.

Wir kennen dieses Verhalten aus zahlreichen Ländern. Aber wie sieht die jüdische Vorstellung vom Fremden aus? Wie beurteilt die jüdische Tradition einen Menschen, der außerhalb lebt, auf der anderen Seite oder am Rande der Gemeinschaft Israels? Klarer ausgedrückt: Was denkt ein Jude über einen Nichtjuden?

In der Bibel haben die Fremden, Christen wie Heiden, keinen Grund sich zu beklagen. Der Jude ist ihnen, das muß zugegeben werden, eher günstig gesonnen. Eine Ausnahme bildet Amalek, er ist der Feind, der die Juden bis auf den letzten vernichten und ausrotten wollte. Die anderen werden sogar mit sympatischen Zügen ausgestattet. Esau erregt mehr als sein Bruder unser Mitleid und ebenso Ismael. Trotz des Bösen, das Pharao uns antut, kann man ihn nicht wirklich hassen. Gott verlangt das auch gar nicht von uns; denn Gott hat die Fäden in der Hand. Er verhärtet das Herz Pharaos und der arme Pharao ist Spielball Gottes und Opfer der Juden. Ein anderer Unglücklicher ist Bileam, der „Prophet", der es nicht fertigbringt, Israel zu verfluchen. Mit seinen Reden und Gedichten hofft er Böses über das Jüdische Volk herabzuwünschen und wünscht ihm schließlich Gutes. Wer könnte kein Mitleid haben mit seinem Schmerz!

Daraus ergibt sich, daß diese Heiden uns alle so vertraut sind, daß sie wie in die biblische Landschaft integriert erscheinen: jeder besitzt einen Namen, hat eine Funktion und ein persönliches Schicksal. Es ist schwer, sie als Fremde anzusehen.

W as ist nun ein Fremder und wer ist ein Fremder?

In der Bibel taucht er unter mehreren Bezeichnungen auf: Als Ger, Nokhri und Zar. Diese drei Begriffe sind in der talmudischen Literatur dramatischen Veränderungen unterworfen.

Im biblischen Kontext weisen Ger und Nokhri auf einen juristischen und geographischen Zustand hin, während im Begriff Zar ausschließlich geistige und religiöse Hintergründe erkennbar sind. Mit anderen

Worten: Die beiden ersten Begriffe werden in einem profanen Sinne gebraucht, während der dritte in einem sakralen Zusammenhang steht.

Der *Ger* lebt in unserer Mitte, in einem jüdischen Milieu, einer jüdischen Atmosphäre; er hat nicht den jüdischen Glauben angenommen, aber er paßt sich seinen Sitten und Gewohnheiten an und achtet seine Werte. Seine Freunde sind Juden, seine Kunden, Lieferanten, Kollegen und Nachbarn sind es ebenfalls; er ist nicht wie sie, gehört aber zu ihrer Gesellschaft.

Der *Nokhri* dagegen ist ein Ger, der Wert darauf legt, anders, eigenständig und selbstbezogen zu bleiben. Während der Ger sich anpaßt und sogar so weit geht, sich freiwillig zu assimilieren, fühlt der Nokhri sich bewußt als Fremder. Er ist nicht feindselig, wie der *Zar* es beispielsweise ist, aber er ist keiner von uns, und es liegt ihm daran, daß das klar ist.

Die jüdische Tradition verhält sich infolgedessen dem Ger gegenüber ausgesprochen freundlich, dasselbe gilt sogar für den Nokhri, der im Grunde auch gar kein Feind ist, aber sie zeigt sich von unerbitterlicher Strenge gegen den Zar.

Der Ger ist ein Mensch, der Privilegien genießt, und deshalb so etwas wie ein Auserwählter ist. Wir sind verpflichtet, ihm Barmherzigkeit zu erweisen und Verständnis entgegenzubringen. Ihn zurückzuweisen, ihn zu beleidigen, ihn zu benachteiligen, ist verboten, er muß noch vor dem Durchschnittsbürger unterstützt werden. Man muß ihm nicht nur helfen, sondern ihn auch verstehen und ihn fühlen lassen, wie sehr er willkommen ist, kurzum man muß ihn lieben. Der Ausdruck *„Veahawta* – und du sollst ihn lieben" wird in der Schrift dreimal gebraucht: du sollst deinen Gott lieben, du sollst deinen Nächsten lieben und du sollst den Ger, den Fremden, lieben.

Auf die Dauer kann das zu einer Zwangsvorstellung werden. Es wird uns immer wieder und bei jeder nur erdenklichen Gelegenheit ins Gedächtnis zurückgerufen, daß der Ger ein ganz besonderes Wesen ist, so besonders, daß es unsere vorbehaltlose Beachtung und Ergebenheit verdient. Immer und immer wieder wird uns gesagt: *„Ki gerim hajitem beeretz mitzraim"* – ihr selbst wart Fremde in Ägypten, wie Abraham es in seiner Vision vorausgesehen hatte. Die Lehre, die daraus zu ziehen ist, lautet: Tut keinem anderen das an, was man euch angetan hat, unterscheidet euch. Wenn ihr wegen der anderen gelitten habt, dann achtet darauf, daß die anderen nicht euretwegen leiden.

Das geht soweit, daß man auf die Empfindlichkeiten des Ger gefälligst Rücksicht zu nehmen hat, denn unter keinen Umständen darf man ihn seinen Status als Ger fühlen lassen. Zahlreiche jüdische Gesetze gelten auch für ihn, etwa die des Sabbat und des Jom Kippur – er muß sogar fasten wie ich – und die, welche das Familienleben regeln. Auch die des Pessach-Festes gehören dazu, vorausgesetzt allerdings, daß er sich zuerst beschneiden läßt. Es muß alles getan werden, daß er sich nicht zurückgesetzt und gezeichnet und nicht wie in einem Getto fühlt.

Das geht so weit, daß der Begriff im Laufe der Zeit einen Bekehrten, einen Proselyten bezeichnet. Ger bedeutet dann *„Gerzedek"*, was so viel heißt wie ein gerechter Bekehrter oder vielmehr ein zur Gerechtigkeit Bekehrter, einer, der sich unserem Volk nicht aus ober-

flächlichen Gründen, aus Bequemlichkeit oder Gefälligkeit angeschlossen hat, sondern aus der tiefen Überzeugung, daß das Judentum trotz seiner Leiden oder
gerade deswegen an eine ewige Suche nach Wahrheit
und Gerechtigkeit gebunden ist.

Im Talmud, der uns lehrt, die Bekehrungswilligen zu
entmutigen, weil die Sendung des Juden nicht darin
besteht, die Welt zu judaisieren, sondern zu humani-
sieren, im Talmud ist der Ger dem Glück geweiht, er
wird mit Ehrungen und Belohnungen überschüttet, alle
Gnaden werden ihm gewährt, nichts wird ihm verwei-
gert. Man geht sogar so weit zu erklären, daß er uns
überlegen ist; denn Gott scheint ihn uns vorzuziehen.
Dazu eine Erklärung von Rabbi Schimon Ben Lakisch:
Die Kinder Israels hatten die Tora unter Zwang angenommen und wohl auch deshalb, weil sie Blitze
gesehen und Donner gehört hatten, während der Ger,
der bekehrte Fremdling, ohne Druck von außen zu Gott
und zu uns kommt, in voller Freiheit und voll Dankbarkeit.

Seine Stellung in der Bibel ist der Levis gleichzu-
setzen, insofern Moses ihn für nützlich hält, vor Gott
Protest zu erheben. Aber weshalb ist der Ger mit Levi zu
vergleichen? Wodurch verdient der Ger diese Ehre? Gott
benutzt zu seiner Verteidigung das Argument, daß der
Ger nicht eigennützig handelt: „Was habe ich nicht
alles tun müssen, um das Volk Israels zu überreden, ja
zu zwingen, mein Gesetz anzunehmen! Ich habe es aus
der Gefangenschaft befreit und in der Wüste ernähren
müssen, ich mußte es vor seinen Feinden schützen,
mußte ihm mit zahllosen Wundern – das eine größer
und verblüffender als das andere – Eindruck machen,

der Ger dagegen braucht diese Zeichen und Wunder überhaupt nicht; denn ich habe ihn nicht gerufen, und er ist trotzdem aus freien Stücken gekommen, um mein Gesetz anzunehmen." Deshalb hat er einen so hohen Stellenwert im sozialen und geistigen System der Juden; unsere Wurzeln vermischen und vereinigen sich. Der Ger vermag das zu verwirklichen, was Gott selbst weder unternehmen kann noch will; er kann nämlich seine Vergangenheit wechseln.

Mehr noch, jeder Ger kann und darf sich direkt auf Abraham berufen, den ersten Ger, den ersten Neubekehrten, den Vater aller, die seinem Beispiel folgen sollten. Der erste Jude, der sich als Fremder fern seiner Heimat fühlte und als solcher auch behandelt wurde und zwar während der ganzen Dauer seines Umherschweifens von Land zu Land, von einer Gesellschaft zur anderen, von einer Kultur zur anderen.

Ebenso genießt der Ger das höchste Vorrecht, das lebendige Band zwischen den Menschen und ihrem Retter zu verkörpern; denn der Messias, der Sohn Davids, wird der Nachfahre einer bekehrten Frau, nämlich Ruths sein.

Jüdische Geschichte und Tradition werden eines Tages einen Mann, dessen Ahnen Nomaden waren, zum König und Messias krönen, das steckt hinter der höchsten Ehre, die wir solcherart denen erweisen, die wir als Fremde unter uns betrachten.

Menschlich und soziologisch gesehen ist das eine einzigartige Haltung, denn bei einem Fremden denkt man, wie wir bereits oben gesagt haben, normalerweise an einen unbekannten, rechtlosen, geächteten Menschen, der anzieht und fasziniert, Wunden schlägt und wieder verschwindet. Er kommt von einem Ort, den wir nie besucht haben noch je besuchen werden, er ist ein Abgesandter böser Mächte, die besser über uns Bescheid wissen als wir über sie, die uns hassen, weil wir sind, was wir sind und wer wir sind, oder ganz einfach, weil wir leben, atmen und hoffen.

Der Fremde verkörpert das, was wir nicht sind, und was wir, da wir nicht er sind, auch niemals werden sein können. Zwischen ihm und uns scheint kein anderer Kontakt als Angst, Mißtrauen und Abneigung möglich zu sein.

Der Fremde, das ist der andere. Unsere Gesetze und Erinnerungen betreffen ihn nicht. Nichts verpflichtet ihn, sie anzunehmen oder sich ihnen zu unterwerfen. Seine Sprache ist nicht unsere Sprache und sein Schweigen ist nicht unser Schweigen. Er ist ein Abgesandter des Bösen oder des Todes. Es besteht kein Zweifel, daß er von der anderen Seite kommt.

Deshalb versuchte man für gewöhnlich, ihn ins Abseits zu stellen, ihn zu isolieren, zu verurteilen. Der Angst, die er erregte, setzte man den Schrecken entgegen.

Er war der Landstreicher auf der Suche nach einem Obdach, der Zigeuner, der um Brot und Wein bettelte, der Kranke, der die Dorfbewohner anflehte, ihn nicht zu den Aussätzigen zurückzuschicken, der Bettler, der nach einem freundlichen Gesicht suchte, der von der Meute verfolgte Flüchtling, der von Schatten gejagte Wahnsinnige, der Fürst, der ihr Freund sein möchte. Ob der Fremde Trost oder Verzeihung oder bloß eine vorübergehende Atempause sucht, er wird zurückgeschickt oder unschädlich gemacht. Das Gesetz des Stammes kommt ins Spiel, es verlangt, daß man einig, rein und unter sich bleibt. Demnach kann der Unbekannte höchstens die bestehende Ordnung stören, sie aus dem Gleichgewicht bringen, unterminieren. Die Lösung lautet, den Fremden zurückzuweisen oder auszustoßen, am besten, ihm das Fremde auszutreiben. In manchen sogenannten emanzipierten oder zivilisierten Gesellschaften wird ihm gestattet bzw. befohlen, sich zu integrieren, zu assimilieren. So muß er, um zu überleben, auf seine Waffen, auf alles, was ihn unterscheidet, verzichten und ein anderer werden. Er kann sogar unter günstigen Bedingungen bleiben, unter der Voraussetzung, daß er auf seinen Namen, seine frühere Lebensweise, seine Vergangenheit, mit einem Wort auf seine Identität verzichtet. Ein Jude muß zum Beispiel Christ, Moslem, Kommunist oder Kosmopolit oder irgendetwas anderes werden. Es wird ihm also die Möglichkeit zu leben, sogar glücklich zu leben, angeboten – unter der Bedingung, daß er sich den unumgänglichen Übertrittsriten unterwirft, d.h. eine Wesensverwandlung vornimmt, eine Art Metamorphose. Wenn du wie wir sein möchtest, dann sei wie wir. Sei wir.

Es besteht auch eine andere, radikalere, von den Nazis erfundene Methode. Unter ihrer Herrschaft hatten die Fremdenfurcht und der Fremdenhaß den höchsten Grad erreicht.

Manche von uns können sich noch erinnern, daß die Anwesenheit des Fremden bei den rassistischen Nazis uralte Frustrationen und Urhaß-Gefühle hervorrief. Ein Zusammenleben mit ihm wurde für sie unerträglich. In ihrem Reich des Fanatismus schieden gesellschaftliche Anpassung, Wechsel von Religion und Kultur als akzeptable Entscheidungsmöglichkeiten aus. Bevor der Fremde verschwand, mußte er sich quälen, erniedrigen, demütigen lassen, mußte er sein Gesicht verlieren. Grausamer als die Barbaren des Altertums legten es die Nazis darauf an, ihre Opfer zu entmenschlichen, bevor sie sie töteten, sie reduzierten den Fremden zu einem Objekt.

Nur der Islam, eine mit der Wüste auf engste verbundene Religion und Kultur, zeigte sich dem Fremden gegenüber gastfreundlicher. Die Menschen der Wüste verweigern niemandem einen Schluck Wasser oder einen Platz im Schatten. In menschlicher Hinsicht war der Islam dem Einzelnen gegenüber tolerant, aber im religiösen Bereich war er es dem Kollektiv gegenüber weit weniger. Letztendlich bedeutet Islam Unterwerfung. Im Islam mußte der Fremde sich häufig genug entweder unterwerfen oder sterben.

Der Fremde als unantastbare Persönlichkeit ist vor allem in der jüdischen Tradition anzu treffen. Natürlich stellt er auch für uns den Unbekannten dar, aber seine Anziehungskraft auf uns entspringt der Neugierde und Faszination und erregt keinen Haß. Wir ermutigen ihn eher, sich unabhängig zu fühlen, sich selber treu zu bleiben, als sich von uns aufsaugen zu lassen. Seine Identität ist uns wertvoll und es obliegt uns, sie zu stärken. Von ganz seltenen Ausnahmen abgesehen, war es uns immer verboten, eine Zwangsbekehrung vorzunehmen. Als wir es unter König Janai taten, wurden wir unter König Herodes dazu gebracht, es bitter zu bereuen.

Das Judentum lehrt uns, die Authentizität zu betonen, und diese ist nur durch das Eingewurzeltsein in der eigenen Kultur, d. h. in der Kraft der eigenen Erinnerung, möglich.

Niemals ist es unser Ziel gewesen, Christen und Buddhisten zu Juden zu machen, wir achten sie als das, was sie sind. Wir bitten den Fremden nicht, uns das zu geben, was wir bereits besitzen – oder was er uns genommen haben könnte, sondern um das, was er als einziger hat. Wir wollen nicht, daß er uns gleicht, und wünschen nicht, daß wir ihm gleichen. Statt ihn auf Herz und Nieren zu prüfen, um das herauszufinden, was uns vertraut ist, bemühen wir uns eher, das zu verstehen, was uns unbekannt ist. Worin unterscheidet er sich von uns und ist er anders in seiner Eigenart? Was macht aus ihm einen Fremden? Das interessiert uns, und das scheint uns fruchtbar zu sein.

Denn der Mensch, der sich gleichzeitig seiner Grenzen und des Verlangens, sie zu überschreiten, bewußt ist, sieht im Fremden sein eigenes Wesen und die Beziehungen zwischen den Menschen aufs neue in Frage gestellt. Angesichts des Unbekannten wird mir klar, daß ich für jeden anderen ein Fremder bin. Gott allein bleibt sich selbst in all seinen Beziehungen gleich, ohne je ein anderer zu werden.

Das bedeutet auf der Ebene des Menschen, daß in ihm etwas ist, das ihm nicht gehört, daß es in ihm einen Bereich gibt, der ihm unbekannt bleibt. Mit einem Fremden konfrontiert, hofft er, dank diesem Fremden sich selbst besser kennenzulernen; denn der Mensch kann nur über andere zur Wahrheit gelangen – oder zu Gott –, wie auch Gott sein Werk nur vollenden kann vermittels des Menschen.

Bei allen Generationen, die von Adam bis Noah und von Noah bis Abraham gelebt haben, herrschte Gott nur dort oben im Himmel, sagt der Midrasch, erst als Abraham ihn erkannt und bekannt gemacht hatte, begann er auch auf der Erde zu herrschen. Ohne die Mitwirkung des Menschen konnte Gott selbst für einen Teil seiner Schöpfung demnach kein Interesse mehr haben. Der Mensch braucht Gott, um menschlich zu sein. Und Gott braucht die Menschen, um seine Herrlichkeit zu zeigen.

Für einen Juden ruft der Fremde die Vorstellung von einer Welt hervor, die es zu bewohnen, zu verschönern, zu retten gilt. Man wartet ungeduldig auf ihn und heißt ihn willkommen, man ist ihm für seine Anwesenheit dankbar. Nach der Meinung unserer Weisen liegt die Größe Abrahams darin, daß er allen Vorüberziehenden, allen Fremden einen herzlichen Empfang bereitete, ob Engel oder Flüchtende kamen, er lud sie zu sich ein. Rabbi Elieser wurde der Vater der Baal Schem Tow, des Meisters des guten Namens, für die Gastfreundschaft, die er den unbekannten Bettlern erwies. Nach der jüdischen Tradition könnte der Fremde nämlich eine wichtige Persönlichkeit sein, ein verkleideter Prophet, ein verborgener Gerechter und warum nicht gar der Messias? Anstatt ihn an meinem eigenen Ich zu messen, akzeptiere ich ihn wie er ist, in der Hoffnung, ein Stückchen seines geheimen Wissens, einen Funken seiner Flamme und vielleicht einen Schlüssel zu seinem Heiligtum zu erlangen.

Bleibt noch das Problem der menschlichen Natur und die gegenseitige Verständigung; muß ich mich dem Fremden in seiner oder in meiner Sprache nähern, auf seinem oder auf meinem Niveau? Muß ich ihm auf sein Gebiet folgen oder darauf bestehen, daß er auf meinem Gebiet bleibt? Die Antwort ist leicht. Ich verbiete mir, seine Ausdrücke anzunehmen. Der Austausch muß alles, was nach Unterwerfung oder Niederlage aussieht, ausschließen. Mich dem Fremden zu unterwerfen, um ihm näher zu kommen, würde unweigerlich zu einem Wesensverlust meinerseits führen.

Es wäre falsch, den Ernst dieser Gefahr zu unterschätzen; denn es gibt im Menschen auch den Wunsch nach dieser Lösungsart, nach dieser Art Selbstzerstörung. Es ist ein Wunsch, der darauf abzielt, mit seiner Umgebung, seiner Gemeinde, seiner Vergangenheit zu brechen, mit allen gewonnenen Sicherheiten und allen gelebten Erfahrungen also, und sich in der Masse zu verlieren, ganz in ihr aufzugehen und eines Tages in ihr zu enden. Das Problem von Existenz und Identität möchte man dadurch lösen, daß man sein Ich auslöscht, ein anderer wird, das Leben eines anderen, das Schicksal eines anderen lebt, den Tod eines anderen auf sich nimmt, also einverstanden ist und sogar wünscht, als Fremder zu sterben, um Schmerz, Schande und Sünde zu vergessen und, ohne eine Spur zu hinterlassen, zu verschwinden.

Ein physischer oder moralischer Selbstmord, der durch die Schwäche des Menschen zu erklären ist, der angesichts des Fremden seine eigene Unterlegenheit entdeckt. Er betrachtet sich mit den Augen des Fremden, und das bereitet ihm Scham und Schmerz. Da ist es besser, sich dessen nicht bewußt zu werden und höchstens unter einem anderen Namen aus diesem Zustand wiederaufzutauchen.

Die Unsteten und Unbeständigen bringen es oft weiter als die anderen. Sie entsprechen dem lauteren und löblichen Bedürfnis des Menschen, sich zu erneuern. Der Mensch möchte über sich nachdenken, sich neu entdecken, sich den Weg, den er zurückgelegt hat, wieder vor Augen führen, um seinen Sinn zu ergründen. Eines Morgens erhebt sich dieser Mensch und, ohne Abschied zu nehmen, bricht er mit seinen Freunden und seinen Gewohnheiten, um in einer Gesellschaft unterzutauchen, deren Gesetze und Sitten er nicht kennt, er geht zu ihr, weil er sie nicht kennt. Alles, was ihm vertraut erscheint, lehnt er ab, er strebt nach dem, was er nicht kennt und nicht begreift. Er hat das Exil gewählt, um eine neue Erfahrung zu gewinnen, um das menschliche Dasein in seinen verschiedenen Formen zu erproben, er hat das Exil gewählt, um Fremder zu werden. Und das ist der Grund für seine Flucht: er will niemals an derselben Stelle bleiben, sich niemals an den gleichen Ort, an das gleiche Volk binden, niemals bei ein und demselben Ereignis stehen bleiben. Er geht weiter, weil er sein Gepäck abwerfen und sich nicht mit ihm belasten will. Je weiter er kommt, desto weniger besitzt er. Überall hinterläßt er eine Spur seines Wesens, eine Schicht seiner Seele. Um als Fremder sich wieder zu erheben, muß er sich zuvor seines tiefsten Ichs entledigen.

Bei den einen endet es gut. Abraham brach mit den Seinen und wurde Abraham. Moses verließ den Königspalast und machte sich zum Führer des Volkes. Abraham war ein Fremder geworden in den Augen seines Vaters wie Moses in den Augen seines Königs. Ihr Abenteuer bleibt ein Triumph für die Menschheit.

Bei anderen nimmt es ein schlimmes Ende, bei Flavius, bei Marx, bei Weininger. Von der anderen Seite, vom Fremden fasziniert, wurden sie unvorsichtig. Sie erlaubten dem Fremden, sie zu beherrschen, und glichen ihm am Ende. Da sie nicht im Stande waren, den verlockenden Versuchungen des Fremden Widerstand entgegen zu setzen, vergaßen sie die Lehre der jüdischen Tradition. Wir müssen den Fremden lieben, solange er seine Rolle als Fremder ausfüllt, d. h. solange sein Geheimnis unsere Sicherheit ins Wanken bringt und uns zwingt, unsere eigenen Pflichten neu zu erkennen, solange er uns in Frage stellt. Doch muß man sich ihm widersetzen und mit ihm kämpfen, wenn er sich uns als Besitzer der Wahrheit, als Besitzer der einzigen Wahrheit aufdrängen will. Wer ihm dann nicht widersteht, wird zu seiner Karikatur.

Die Tugend des Ger besteht darin, daß er Ger bleibt, er bewahrt nichtsdestoweniger zehn Generationen lang seine spezifische Eigenschaft als Ger. Wir lassen ihm lieber diese zu seinem Wesen gehörende Eigenschaft, die aus dem Fremden in ihm unseren Bruder macht.

Wie verhält es sich nun mit der zweiten Kategorie? Der Nokhri stellt sich durch sein Verhalten unter den Ger. Der Text unterstreicht den Unterschied zwischen beiden: Wir sind gehalten, den Ger zu lieben, aber wir haben keine Weisung, den Nokhri zu lieben. Daraus resultieren einige Unterscheidungen rein praktischer Art. So ist es erlaubt, am Orte des einen Wucher zu treiben, aber nicht am Ort des anderen. Das unreine Fleisch wird dem Ger geschenkt, dem anderen aber verkauft.

Welchen Grund gibt es für diese Unterscheidung? Beide Ausdrücke bezeichnen den Fremden. Aber während Ger auf eine Annäherung, auf eine Zuneigung zum Juden hinweist, ruft Nokhri dagegen die Vorstellung von Abkehr oder Entfernung vom Juden hervor. Man versteht das besser in den Deklinationen der beiden Verben „lehitnaker" und „lehitgayer". Das erste heißt, sich einer Gruppe widersetzen, sich einer Gemeinschaft entziehen, sich für die ganz bewußte Entfremdung entscheiden, während das zweite einen Willen ausdrückt, dazuzugehören, sich anzunähern, sich zu bekehren.

Der Begriff Nokhri enthält ein Element, das einen Entschluß, einen Plan, eine Bestimmung, sich auf Distanz zu halten, impliziert. Er ist jemand, der seinen Status als Fremder dazu benutzt und mißbraucht, um herauszufordern, zu unterdrücken und zu demütigen.

Während im biblischen Kontext der Ger ein Besucher ist, der von weither kommt, um bei uns zu bleiben und Freud und Leid mit uns zu teilen, macht der Nokhri kein Hehl aus seiner Absicht, wieder zurückzugehen, er ist nur vorübergehend da, morgen schon geht er mit seiner Beute wieder fort. Da er an ein anderes Zuhause, an ein anderes System gebunden ist, kehrt er früher oder später dorthin zurück. Selbst wenn er bei uns ist, gehört er einer anderen Welt an.

Deshalb wendet sich Abraham an die Bewohner von Hebron mit den Worten: *„Ger wetoschaw ani imachem"*. Gewiß, er befindet sich unter Fremden und weiß es auch, aber sein Verhalten ihnen gegenüber ist das des Ger und nicht das des Nokhri. Joseph benutzt den gleichen Ausdruck: Im fremden feindlichen Land betrachtet er sich als Ger und als nichts anderes. Der Jude darf in seinen Beziehungen zu anderen nie die Rolle des Nokhri spielen. Es ist ihm nicht gestattet, sein Judentum zu gebrauchen, um ein anderes Wesen anzugreifen, zu demütigen, lächerlich zu machen, eine andere Tradition, einen anderen Glauben herabzusetzen.

Die dritte Kategorie ist ihrem Wesen wie ihren Handlungen nach die übelste. Auch *Zar* bedeutet fremd, aber sein herablassender Charakter macht ihn verachtenswert. Man sagt uns, daß wir den Ger lieben, den Nokhri achten, aber dem Zar den Rücken kehren sollen. Die beiden ersten stehen unter göttlichem Schutz, der dritte nicht.

Wer ist er? Anfangs handelte es sich um ganz gewöhnliche Juden, die außerhalb des Tempelbezirks lebten. Dann übernahmen die Propheten den Ausdruck, um damit profane und destruktive Elemente der Gesellschaft zu beschreiben.

Zar ist etwas Unheilvolles und viel Schlimmeres als Ger oder Nokhri, denn er ist selbst ein Jude, und der Begriff bezieht sich nur auf ihn.

Es handelt sich um jenen Juden, der sich entschließt, den anderen Juden und sich selbst gegenüber ein Fremder zu sein. Es handelt sich also um eine religiöse, soziale und metaphysische Opposition, bei der es um die Identität geht. Der Zar ist ein Jude, der sein Judentum, seine Brüder, seine Vorfahren, seine Wurzeln verabscheut, er ist ein feindlicher Jude, er ist der schlimmste Feind.

Daher die Strenge der Maßnahmen gegen ihn. Es ist ihm untersagt, von Opfer der Priester zu essen, ja sich ihnen überhaupt zu nähern. Er wird immer auf Distanz gehalten. Der Kontakt mit ihm ist zu gefährlich. Er ist imstande, sich seines eigenen verhaßten Judentums gegen die Juden zu bedienen. Deshalb wird was er auch tut oder plant zum Götzendienst: *Awoda zaara*. Er dient der fremden Macht und den fremden Interessen. Im Laufe der Jahre wird der Begriff immer pejorativer. Die fremden Gedanken sind unrein. Die beiden Söhne Aarons sterben, weil sie fremdes Feuer ins Heiligtum gebracht haben. Wenn Gott sein Mißfallen, seinen Abscheu wegen bestimmter menschlicher Taten ausdrückt, ruft er aus, daß für ihn das alles *Lezara li* sei, das alles ist ihm fremd, es empört ihn und widerstrebt ihm.

Warum eine solche Feindseligkeit diesem Fremden gegenüber? Warum diese unversöhnliche Härte in unserer Haltung? Er verkörpert das Allergefährlichste, was es für den Menschen gibt, vornehmlich aber für den jüdischen Menschen.

Es gibt demnach zwei verschiedene Arten, als Fremder zu leben, und beide haben kaum etwas miteinander zu tun.

Zunächst einmal könnte ich in meinem Verhalten zu Fremden ein Fremder sein oder sein wollen, und das wäre etwas Natürliches – ich würde sogar sagen – etwas Heilsames. Bisweilen kann das unangenehm und peinlich und nicht selten absurd sein. Da sehe ich mich einer fremden Person gegenüber und bin mir im klaren, daß unsere Beziehung zueinander die eines Unbekannten zu einem andern Unbekannten ist, die der Zufall für einen Augenblick zusammengeführt hat, eine Begegnung von der Dauer eines kurzen Moments. Soll ich ihm die Hand geben? Und schon ist er vorbei, und schon ist sie vergessen.

Ebenso könnte ich mich in der Beziehung zu einem Freund, einem Kollegen oder Bruder als Fremden bezeichnen. Kain und Abel waren keine Feinde, aber einander fremd, und das ist schlimmer. Lieber eine in Haß umgeschlagene Freundschaft als Gleichgültigkeit oder Vergessen. Ich betrachte einen Menschen, dachte, wir gehörten zum gleichen Universum, teilten die gleichen Geheimnisse, seien durch Erinnerungen, Träume, durch nicht zu ermessende Pläne und Vorhaben miteinander verbunden, und nun ist er ein anderer, ein Fremder. Das bedeutet, daß auch ich für ihn ein Fremder bin. In ihm und durch ihn erkenne ich mich als Fremden. Es könnte, anders ausgedrückt, sein, daß ich der Fremde in ihm bin.

Das wiegt schwer, aber es gibt etwas noch Schwerwiegenderes, dann nämlich, wenn ich mich in mir selbst als Fremden entdecke, also einem Fremden in

87

meiner eigenen Brust gegenüberstehe, einem, der an meiner Statt Ja oder Nein sagen will, der versucht, mein Leben oder meinen Tod zu leben, indem er mich von Grund auf erschüttert und in Angst versetzt, meine Sinne verwirrt, meinen Verstand durchglüht, mich zu Selbsthaß und Selbstverachtung treibt, – daß ich einem Unheilbringer gegenüberstehe, der mich dazu bringt, Welt und Menschen mit seinen Augen zu sehen, mich zwingt, mich von ihnen loszusagen, indem er mit seiner Stimme den Tod, meinen Tod herbeiruft. Er will, daß ich er sei, bevor ich vollends aufhöre zu sein.

Eine solche Haltung lehnen wir unter allen Umständen und in jeder Situation ab. Du sollst den Fremden lieben, kann auch sagen wollen: Handle so, daß der Fremde an deiner Seite sich selbst liebt.

Daran glauben wir; denn in den Jahrhunderten des Exils und der Verfolgungen, insbesondere während der Naziherrschaft, hat der Feind alles getan, um uns Angst und Scham vor uns selber einzuflößen. Er hatte uns Besitz, Heim und Herd, unsere sozialen Bindungen, unsere Namen weggenommen, um uns dann zu einem bloßen Objekt, zu einer Nummer zu machen. Sein Ziel war es, alles Menschliche in uns abzutöten, bevor er uns tötete, uns Ekel und Verachtung vor uns selber empfinden zu lassen. Er wollte, daß der Jude sein eigener Feind werde und sein eigener Henker, daß uns der Fremde in uns, der Feind in uns aus der Geschichte hinausstoße.

Niemals werden wir so handeln wie er.

Es ist das Verhältnis zum Fremden, das die jüdische von bestimmten anderen Traditionen unterscheidet. Wir haben die Pflicht, dem Menschen gegenüber großherzig und gastlich zu sein, der von außen kommt, aber den mit unerbittlicher Strenge zu behandeln, der unsere Schwäche in uns und in gewisser Hinsicht unsere mögliche Niederlage symbolisiert. Er verkörpert den schändlichen Juden, den Juden, der Urheber und Opfer seines Selbsthasses ist, den Mordjuden, denn er ist ein Selbstmörder. Selbstmord ist uns untersagt, und deshalb dürfen wir auch dem Feind in uns, dem Fremden in uns, nicht gestatten, in unserem eigenen Namen den Tod zu wählen.

Zurück nun zur Vision Abrahams in jener dramatischen Nacht, als er, von Angst zu Boden geworfen, zum ersten Male die Ankündigung Gottes vernimmt, daß seine Nachkommen Fremde in einem fremden Land sein werden, und daß es sich nur um eine vorübergehende Prüfung handeln wird, daß das Feuer sie versengen und erleuchten und daß ein Bund zwischen Israel und seinem Volk geschlossen wird. Er begreift, daß das Exil unumgänglich und notwendig ist; denn wer ohne Kontakt mit einem Fremden lebt, führt ein ärmeres Leben und wer durch die Gegenwart eines Fremden, nicht immer wieder angestachelt wird, über Sinn und Ziel von Existenz und Koexistenz nachzudenken, erlebt nur eine Art verkürzter Existenz. Die Erfahrung mit dem Fremden und auch die mit dem Leiden und dem Exil ist fruchtbar, könnte fruchtbar sein, vorausgesetzt, daß man mit dieser Erfahrung rechtzeitig aufhört, sie nüchtern betrachtet und unschädlich macht, vor allem unter der Bedingung, daß man sie keinem andern aufzwingt.

In seiner Verheißung macht Gott Abraham begreiflich, daß seine Kinder das Exil fern ihrer Heimat kennenlernen und in der Fremde unter Fremden Fremde sein werden. Dadurch ist die Drohung zur Verheißung geworden; denn viel schlimmer ist das Exil im eigenen Land, wenn man sich selber fremd ist. Eine solche Prüfung erleiden die Nachkommen Abrahams nicht und werden sie auch anderen nicht auferlegen.

Abraham ist beruhigt und begreift, daß alles vorübergeht und alles ein Ende nimmt, und daß alles einen Sinn hat, sogar das Gefängnis, sogar das Exil, auch Heimweh und Trauer und das Warten; denn in allem ist Gott, und Gott ist alles. Gott ist seiner Schöpfung nicht fremd; es geht also darum, ihn auch nicht als Fremden zu behandeln, will sagen ihm kein Fremder zu sein. Es gehört zum Menschen, diese Wahl zu treffen.

Gewiß können wir nicht zwischen völliger Einwurzelung und endgültiger Entwurzelung wählen, wir schwanken zwischen beiden hin und her. Letztlich sind wir Fremde auf dieser Erde, und es liegt an uns, den Versuch zu wagen, es nicht zu sein. Wir haben die Fähigkeit dem, was wir sind, treu zu bleiben, das heißt, unsere Erfahrung zu leben, indem wir sie mit anderen teilen, unsere Wahrheit auf uns zu nehmen, indem wir sie unserm Nächsten mitteilen, ihm, der seine eigene Wahrheit mit ebenso großer Leidenschaft und Glaubwürdigkeit verkündet. Dann werden wir alle eines Tages in unserer Mitte ein Wesen empfangen, das noch nicht gekommen ist, aber kommen wird, weil wir es erwarten.

Und an diesem Tage wird er nicht als Fremder erscheinen, weil niemand mehr ein Fremder sein wird, denn dann wird der Messias in jedem von uns dem Traum Abrahams seine höchste Erfüllung gegeben haben.

Ein Versprechen

Unweit von Kielce und Radom liegt das Dorf Apta. Der Mann, der es berühmt gemacht hat, hieß Rabbi Abraham Jeoschua Heschel. Man nannte ihn *„Ohev Israel"*, was soviel wie „Liebhaber Israels" bedeutet, und nur dieser Titel steht auf seinem Grabstein gemeißelt. Ist das ein Zeichen seiner übertriebenen Demut? Er hatte verboten, andere Lobsprüche hinzuzufügen, und sich auf dem Krankenbett, als er sein Ende nahen fühlte, darüber ausgelassen: „Hört", sagte er zu seinen Schülern, „wenn ihr mir zuviel Komplimente in euern Leichenreden macht, lauft ihr Gefahr, mir dort oben nichts als Verdruß zu bereiten. Man wird mir sagen: „Was, du ein Gerechter? Du ein Weiser? Verglichen mit meinen Meistern und deren Meistern tauge ich nichts und bin ich nichts. Nein, ruft euch eine einzige Tugend von mir ins Gedächtnis: Meine Liebe zu Israel. Dann wird mich niemand verurteilen und niemand wird über mich spotten; denn dort oben weiß man, daß man nicht spotten darf. Dort oben wird niemand auf die Idee kommen, sich über jemanden wegen seiner Liebe zu Israel lustig zu machen."

Diese Geschichte spiegelt seine Lehre wider: das Gewicht der Worte und die starke Betonung menschlicher Beziehungen. Hinzu kommt die Überzeugung, daß das Leben nicht mit dem Tode aufhört, daß es an einem anderen Ort weitergeht in einer höheren Sphäre mit einem viel klareren Bewußtsein: und die Verpflichtung schließlich, sich zu sagen: es ist möglich, daß ich nicht verdiene geliebt zu werden, aber ich habe nicht das Recht, nicht zu lieben.

Durch seine Fülle an Weisheit, Mitleid und Verständnis spielte er eine besondere Rolle und nahm einen besonderen Platz im chassidischen Reich ein. Seine Zeitgenossen, sogar seine Standesgenossen erblickten in ihm so etwas wie einen obersten Schiedsrichter. Sie kamen zu ihm, um ihre Streitereien zu schlichten und um Fülle kennenzulernen. Er wünschte, der Freund aller zu sein.

In der folgenden Geschichte geht es um eine schöne, reiche Frau, die ihn aufsucht, um ihn um seine Fürsprache im Himmel zu bitten. Die beiden sind nicht allein im Zimmer; denn ein Rabbi darf nie unter vier Augen mit einer anderen Frau zusammen sein als nur mit der eigenen. Und ohne sie auch nur eines Blickes zu würdigen, fährt er sie an: „Wie kannst du es wagen, so bei mir einzutreten, schamloses, freches, liederliches Weib! Was hast du dir gedacht? Daß du dich vor meinen Blicken verstecken könntest? Daß ich nicht durch deinen Schleier hindurchsehen könnte? Ich habe doch zwei Augen im Kopf; die entdecken, was du zu verbergen suchst." Und einmal richtig in Fahrt, zählt er alle

Schlechtigkeiten auf, die sie gerade begangen hat. Bleich und völlig verdutzt entgegnet ihm die Frau darauf mit traurigem Blick: „Ich verstehe euch nicht, Rabbi, warum legt ihr die Dinge, die Gott selbst geheim hält, vor aller Öffentlichkeit bloß?" Eine andere Version erzählt, daß sie, als der Rabbi sie vor die Tür gesetzt hatte, zu ihm sagt: „Rabbi, Gott ist barmherziger als ihr, er erlaubt mir, in seinem Haus zu bleiben, ihr dagegen nicht!" Später sollte der Rabbi seinen Schülern gestehen: „Diese Frau ist die einzige Person, die in einer Auseinandersetzung mit mir die Oberhand hatte." Er sollte auch folgendes sagen: „Diese Begegnung wurde zu einem Wendepunkt in meinem Leben. Durch sie habe ich begriffen, daß ich mich auf einen falschen Weg begeben hatte; ich hatte Strenge statt Mitleid gewählt.

Es stimmt, ein solcher Weg ist gefährlich für einen Rabbi und unfruchtbar für einen Chassid.

Auf den ersten Blick macht seine Persönlichkeit durch ihre Lauterkeit Eindruck. Sein Schicksal nimmt einen vollkommen logischen Verlauf. Er stammt aus einer sehr alten Rabbiner-Familie und kann deshalb nur Rabbiner werden. Als Schüler eines großen Meisters wird er ebenfalls ein Meister. Da er bewundern konnte, wird er bewundert. Er verkörpert die Vergeistigung unseres Sinnens und Trachtens, er träumt unsere Träume. Wenn er spricht, lauschen seine Schüler, wenn er schweigt, schweigen sie mit ihm. Seine Autorität wird akzeptiert und erstreckt sich auf alles. Jeder ist's zufrieden: Der Rabbi, weil er helfen kann, seine Schüler, weil sie seiner Hilfe bedürfen.

Heißt das etwa, daß kein Schatten auf das Glück des Rabbi fällt, daß es keine Schattenseite hat? Wir werden später sehen, daß der Schein auch bei ihm wie bei den anderen großen chassidischen Meistern trügt.

Schauen wir uns zunächst seine Lebensdaten an. Um 1750 etwa wurde er in Nowomiast geboren und erlebte eine glückliche Kindheit. Als Sohn des Ortsrabbiners studierte er den Talmud und die Kabbala. Er macht von sich reden, man rühmt seine Fähigkeiten, bietet ihm das Amt des Rabbiners in Kolbassow, dann in Jassy, anschließend in Apta und schließlich in Miedžybož an, wo er im Alter von 72 oder 75 Jahren stirbt. Er herrschte in Galizien, Rumänien, in der Ukraine und hinterließ überall tiefe Spuren und glühende, ihm treu ergebene Bewunderer.

Wie und unter welchen Umständen ist er Chassid geworden? Darauf gibt er selbst die Antwort: „Es geschah in Kolbassow. Ich war gerade damit beschäftigt, tiefer in eine schwierige Stelle des Talmud einzudringen, als ich den Lärm einer Kutsche vernahm. Zwei Männer stiegen aus, ein Greis und ein junger Mann. Klar, daß ich den Pflichten der Gastfreundschaft nachkam, ich bot ihnen zu essen und zu trinken an und ließ sie alsbald allein, um sie nicht zu stören und auch deshalb, weil ich Eile hatte, mich wieder meinen Studien zuzuwenden. Unglücklicherweise konnte ich mich nicht konzentrieren, und das lag an den beiden Gästen, sie sprachen zu laut, und ich konnte es nicht lassen, ihnen zuzuhören, ohne jedoch irgendetwas davon zu verstehen. Am Abend begaben wir drei uns ins Bethaus zum Minha-Gottesdienst und kehrten dann in mein

Haus zurück. Meine Gäste unterhielten sich fortwährend miteinander, und ich verstand immer noch nicht, was sie sagten. Um Mitternacht sprachen wir die üblichen Gebete und beweinten die Zerstörung des Tempels zu Jerusalem. Am nächsten Morgen gingen sie fort, ohne mir zu sagen, wer sie waren. Als sie gegangen waren, folgte ich ihnen in Gedanken, denn ich war sicher, daß der Gegenstand ihres Gesprächs eine Beziehung zu den Problemen hatte, die mich bereits seit einiger Zeit beschäftigten. Ich wurde wütend auf mich selber. Ich hätte sie nicht einfach gehen lassen dürfen, ohne von ihnen erfahren zu haben, woher sie kämen und wohin sie gingen. Zwei Wochen später erschienen sie wieder vor meinem Haus. Freudig erregt sagte ich mir, daß ich mich nun endlich mit ihnen über die Fragen unterhalten könnte, die mir unablässig durch den Kopf gingen. Ich stürzte hinaus und erkundigte mich nach ihren Wünschen. „Einen *Beiggel*", antworteten sie, „bring uns einen *Beiggel*." Ich wählte einen schönen frischen, appetitlich aussehenden und brachte ihn ihnen. Sie griffen danach und waren im nächsten Augenblick verschwunden. Ich rannte hinter ihrer Kutsche her, denn ich hatte Angst, ehrlich Angst, sie zu verlieren. Sie halfen mir, einzusteigen und Platz zu nehmen, und als wir im nächsten Dorf angekommen waren, rieten sie mir, den Rückweg anzutreten und sagten mir auch den Grund: „Du gehörst nicht zu uns, du gehörst zu Rabbi Elimelech von Lisensk." – „Na, und wißt ihr, wer die beiden Reisenden waren? Rabbi Mosche Löb und Sassow und Rabbi Levi Jitzhak von Berditschew. Ihnen verdanke ich, daß ich wußte, wohin ich gehen sollte."

Der alte Meister und sein junger Schüler schlossen Freundschaft miteinander und blieben herzlich verbunden beisammen. Bevor Rabbi Elimelech starb, übertrug er seine Kräfte und Fähigkeiten seinen Schülern, die ihm besonders nahe standen. So schenkte er dem Seher von Lublin seine prophetischen Gaben, dem Maggid von Koschnitz sein liebevolles Herz und dem Rabbi von Apta seine Weisheit. Gesunder Menschenverstand, Hunger nach Gerechtigkeit und tiefes Verständnis für den anderen sind die typischen Charakterzüge Rabbi Abraham Jeoschua Heschels. Das ist der Grund für seine ungeheure Popularität, die zur Folge hatte, daß überall nach ihm verlangt wurde und daß er überall anzutreffen war. Wie die anderen chassidischen Meister wechselte er häufig seinen Wirkungskreis, aber nicht aus den gleichen Gründen wie sie. Während sie oft von einem Ort zum andern vertrieben wurden, bot man ihm immer höhere Posten an, die er in manchen Fällen einfach zusammenlegte. Als er Apta verließ, tröstete er dort die Einwohner: „Macht euch nichts daraus, auch wenn ich fern von Apta bin, selbst in Jassy werde ich mich Rabbi von Apta nennen." Später, als er sich in Miedžybož niedergelassen hatte, wo er die letzten dreizehn Jahre seines Lebens verbrachte, war er immer noch als Rabbi von Apta bekannt.

Seine beiden Söhne wurden nicht seine Nachfolger, auch seine Schwiegersöhne nicht. Sie herrschen anderswo innerhalb des chassidischen Reiches, aber nicht in Apta. Apta bleibt mit seinem ersten Amtsinhaber verbunden. Mit Apta bleibt der Name einer Person, nicht einer Dynastie verbunden.

Rabbi Abraham Jeoschua Heschel übertrieb gerne, wie der Talmudgelehrte Rabbah barbar Hanna es tat, dessen Fantasie die der meisten großen orientalischen Erzähler übertraf, und wie auch Rabbi Nachman von Brazlaw, der von allen chassidischen Erzählern der bewunderungswürdigste ist, wobei es etwa folgenden Unterschied gibt: Rabbi Nachman legte seine Fantasie in seine Geschichten, der Rabbi von Apta flocht sie in sein Leben ein.

Ein Beispiel. Er aß viel, viel zu viel nach manchen Beobachtern. Kein einziger Meister und kaum ein Chassid konnten sich rühmen, einen Teller schneller zu leeren als er. Für seine Anhänger handelte es sich dabei keineswegs um Appetit oder Freßlust, sondern um etwas anderes: Er verschlang die Nahrung aus mystischen Gründen.

Wenn der Messias kommt, sind alle Fastentage aufgehoben bis auf zwei: der neunte Tag des Monats Aw, der die Zerstörung Jerusalems ins Gedächtnis zurückruft und der Jom Kippur. Wer kann denn an einem Trauertag essen? Und wer will am Versöhnungstag essen?"

Rabbi Eleasar Hacohen von Paltsuk erzählt: „Am Freitagabend bei Tisch geschah es, daß der Rabbi von Apta während des Mahls seinen Kopf seufzend und zitternd in seine Hände stützte, und dann zitterten wir alle mit ihm. Anschließend erläuterte er irgendeine großartige Stelle aus der Tora, und seine Worte führten in unergründliche Tiefen, dabei glühte sein Gesicht, seine Augen brannten und seine Stimme war wie Feuer, und dann brannten wir ebenfalls.

Der Meister liebte es, Reden zu halten, lehrte und erklärte gerne Gebete und alte Texte und spornte seine Zuhörer zum Denken an. Natürlich waren seine Bewunderer versessen darauf, daß ihnen ja kein Satzbrocken, kein Lächeln entging. Sie machten von ihren Ellenbogen Gebrauch und drängten sich nach vorn, um ihm möglichst nahe zu sein. „Drängt nicht so", sagt er ihnen eines Abends, „das bringt euch nichts. Wer zuzuhören versteht, kann sogar von ferne hören, die anderen, auch wenn sie noch so nahe sind, werden nichts hören."

Verstand jeder, der ihn hörte, auch den Sinn und Beweggrund seiner Reden? Offen gesagt, ging es weniger darum, ihn zu verstehen als ihn zu bewundern.

Noch eine Geschichte über ihn. Rabbi Abraham Jeoschua Heschel hatte eines Tages den Wunsch, den Enkel des Baal Schem Tow, Rabbi Baruch von Miedžybož zu besuchen. Kaum hatte er ihn begrüßt, begann er schon mit einer seiner Fantasiegeschichten, aber der Gastgeber unterbrach ihn: „Noch nicht, nicht hier. Kommt mit." Und er führte ihn an einen Ort, der den Beinamen „Brunnen des Bescht" hatte. Dort stützte er sich auf seinen Stock mit dem goldenen Apfel, wandte sich an seinen berühmten Besucher und sagte: „Erzählt." Da ließ der Rabbi von Apta seiner Fantasie freien Lauf und beschrieb ihm die großartige Hochzeit seines Sohnes: „Der frische Teig war so lang, daß man ihn zum Trocknen auf die Dächer legen mußte, er reichte bis zum Boden." Und weiter: „Die Zahl der Gäste war so groß, daß wir uns zwei Wagen Stroh besorgen mußten, um daraus genügend Zahnstocher für sie zu machen."

Und weiter: „Aus einer einzigen Eierschale mit Zwiebelschalen vermischt konnte man eine Brücke, nein zwei Brücken über den Fluß bauen, die breiteste der ganzen Stadt." Und weiter: „Als Hochzeitsgeschenk überreichte ich der Braut einen Pelzmantel mit so langen Haaren, daß ein Soldat zu Pferde mit gezücktem Säbel in der Faust sich dahinter verstecken konnte, und trotzdem war der Mantel so klein, daß er in eine Nußschale paßte." Der Enkel des Bescht genoß diese Geschichten und rief: „Noch nie in meinem Leben habe ich etwas so Schönes gehört. Ihr seid ein wahrer Goldmund."

Ein andermal erzählte er dem Rabbi Levi Jtzhak von Berditschew, mit welcher Liebe seine Gläubigen in Jassy an ihm hingen. Ihm zu Ehren erbauten sie vor seinem Haus eine riesige Brücke. Tausend mal tausend Bretter wurden von weither herbeigeschafft und trotzdem reichten sie nicht aus. Rabbi Levi Jtzhak hörte ihm mit geschlossenen Augen zu, die Anwesenden Chassidim stießen Schreie des Entzückens aus: „Ach, was für eine Geschichte, welch herrliche Lehre ist das!" Und einer von ihnen, ein Kaufmann aus Jassy, hielt es für angebracht, zum Zeichen der Zustimmung mehrfach mit dem Kopf zu nicken, als wenn er die Worte des Meisters bestätigen wollte: „Das alles ist tatsächlich wahr. Ich war dabei." Aber der Rabbi von Apta fuhr ihn barsch an: „Reb Noah," rief er, wozu ich selber das Recht habe, es zu tun, das tust du nicht, verstanden?"

Warum war der Rabbi böse? Dachte er, daß sein Wort ohne Bestätigung auskommen konnte? Wünschte er vielleicht, die doppeldeutige, ungenaue, fantasievolle

Seite seiner Rede zu bewahren? Wollte er seinen Schülern eine Lehre erteilen, insbesondere die, daß die Fantasie des Rabbi sich für einen Chassid niemals in Realität verwandeln dürfe?

Eines Morgen nach dem Gottesdienst wandte sich der Maggid von Koschnitz, sein Mitschüler aus der Zeit, als sie beim Zaddik von Lisensk studiert hatten, an den Rabbi von Apta: „Habe ich recht gesehen, oder sollte ich mich getäuscht haben? War das nicht unser Ahnherr Adam, der soeben fortging?" – „Ja, das war er tatsächlich", antwortete Rabbi Abraham Jeoschua Heschel. „Heute nacht hatte ich eine glänzende Idee, um seine Sünde zu rechtfertigen oder wenigstens verständlich zu machen, und da ist er eben gekommen, um mir zu danken."

Er behauptete, mehr oder weniger häufig Kontakte mit früheren Vorfahren zu unterhalten, und das erklärt sich folgendermaßen. Er war fest davon überzeugt, schon einmal auf dieser Erde gelebt zu haben, und zwar mehr als nur einmal. Genau genommen: neunmal. Jetzt war es das zehnte Mal. Und jedesmal hatte er eine andere Rolle zu spielen.

„Ich erinnere mich, Hoher Priester, Fürst, Vorsteher der Diasporagemeinde gewesen zu sein … Jedesmal gab ich mir alle Mühe, ganz genau dem Gesetz zu folgen, das über meiner Existenz herrscht: Liebe deinen Nächsten wie dich selbst. Aber trotz aller Anstrengungen gab es aber jedesmal ein kleines Hindernis auf meinem Weg, hier war ein Irrtum richtig zu stellen, dort etwas Vergessenes wieder in Ordnung zu bringen oder ein Satz oder ein Wort zurückzugeben. Diesmal hoffe ich Erfolg zu haben."

Eines Tages kam ein Chassid weinend zu ihm. „Warum weinst du?" – „Ach, Rabbi, meine Sünden sind so zahlreich", gab der Chassid zur Antwort und begann, sie alle aufzuzählen. Plötzlich unterbrach er sich, denn er wurde gewahr, daß der Rabbi, während er ihm zuhörte, nur lachte. Er fuhr fort und verriet ihm alle Mittel, die er anwandte, um für seine Sünden Buße zu tun. So legte er sich Schmerzen und Kasteiungen auf, fastete und verbrachte zahllose schlaflose Nächte. Er redete und redete, und der Rabbi lachte immer mehr. Damit der andere nicht dachte, der Meister mache sich über ihn lustig, erklärte er ihm sein Verhalten: „Du kasteist dich umsonst. Paß auf, ich erinnere mich an dich, du hast mich vor zweitausend Jahren in Jerusalem besucht, du weintest damals, um Verzeihung für deine Sünden zu erlangen, für dieselben Sünden, die heute auf dir lasten. Du müßtest jetzt genau so lachen wie ich ..."

Es geschah jedoch auch, daß er sich mit weniger Sicherheit ausdrückte. Von seinem Ältesten, dem Rabbi Jechiel-Michal von Slotschew, sagte er: „Jede Generation besitzt ihren Gerechten, der sich der Schlüssel zu bedienen weiß, die die geheimen Türen zur Tora öffnen. Rabbi Jechiel-Michal ist der unsere. Woher ich dieser Meinung bin? Ich habe ihn reden hören, und plötzlich waren alle meine Fragen gelöst, aber dann hörte er auf zu sprechen, und sie wurden mir alle zurückgegeben, deshalb weiß ich es also." Er hatte mit den laufenden Angelegenheiten seiner Schüler und Jünger soviel zu tun, daß er sich vom politischen Leben fernhielt. Anders als seine berühmten Zeitgenossen, der Seher von Lublin, Reb Mendel von Riminow, Reb Schneur-Salmen von Ljady oder Reb Naphtali von Ropschitz, die sich sogar um geopolitische Fragen kümmerten, die damals die Gemüter erhitzten. Die napoleonischen Kriege, die neue Teilung Polens, die Emanzipationsgesetze. Sollte man für diese oder für jene Seite Partei ergreifen? Der Rabbi von Apta zog es vor, sich aus allem herauszuhalten. Ohne Zweifel war er über die Ereignisse auf dem laufenden, soweit sie die jüdischen Gemeinden betrafen, die als erste unter Krisen zu leiden und als erste die Folgen zu tragen hatten. Ob es um militärische Siege oder Niederlagen, um neue Grenzziehungen, um gestürzte oder wieder eingesetzte Regierungen geht, immer trifft man Juden unter den Opfern. Das alles erscheint jedoch nicht in seinen Kommentaren, Bildern und Legenden und taucht nur einmal im Zusammenhang mit ihm in der chassidischen Chronik auf, bei einem höchst merkwürdigen Zwischenfall. Der Seher von Lublin, der Rabbi Mendel von Riminow und der Meister von Apta werden bei der französischen Besatzungsmacht angezeigt, die sie verhaften läßt. Obwohl sie der Spionage angeklagt sind, werden sie wieder freigelassen. Manche sagen durch ein Wunder, andere geben eine Erklärung, die mehr einleuchtet: Den Chassidim ist es gelungen, die Polizei zu bestechen. Die dritte Version lautet, daß die Angeklagten dem Untersuchungsrichter vorgeführt werden, worauf sich ein kurzer Dialog entspinnt, der hier in Kurzform wiedergegeben ist: „Wer seid ihr und was ist euer Beruf?" – „Wir sind die Diener Gottes", gibt Rabbi Mendel von Riminow zur Antwort, der zu ihrem Sprecher ernannt worden war, weil er Fremdsprachenkenntnisse hatte. Da der Untersuchungsrichter davon nicht sonderlich beeindruckt scheint, fährt er fort: „Und wenn ihr uns nicht den nötigen Respekt erweist, lehnen wir es ab, euch zu antworten." Darauf bedeckt Rabbi Mendel von Riminow den Kopf mit seinem *Streimel*, und als der Richter das sieht, zittert er vor Angst am ganzen Leibe. Die chassidischen Meister werden noch am gleichen Tag wieder auf freien Fuß gesetzt, und der Rabbi von Apta kann heimkehren zu seinen Chassidim. Da konnte die Welt zusammenbrechen, und alles was dem Rabbi am Herzen lag, war das Schicksal seiner Chassidim! Warum auch nicht? Wer denn sonst kümmerte sich um ihr Wohlergehen?

Bei Durchsicht der Quellen und Chroniken der chassidischen Literatur stößt man noch auf einen anderen Auftritt des Rabbi von Apta. Dazu gibt es zwei verschiedene Fassungen. Die erste erwähnt eine in Galizien einberufene Rabbinerversammlung, die gegen die neuen Gesetze protestiert, die die Zwangsassimilation der Juden zum Ziel haben. Allgemeine Schulpflicht und das Verbot, die üblichen Kleider und Kostüme zu tragen ... Die zweite Fassung ist noch pittoresker. Rabbi Abraham Jeoschua Heschel hielt sich bei seinem Meister dem Rabbi Elimelech von Lisensk auf, als eine schlimme

Nachricht bei ihnen eintraf. Sie betraf die Erziehung der jungen Mädchen. Die ganze chassidische Welt stand Kopf deswegen. Was weltliche Erziehung war, wußte man doch und kannte nur zu gut die Gefahren, die sie mit sich brachte: Schamlose Gedanken, liederliches Benehmen, Promiskuität, Ablehnung der Traditionen ... Ein Chassid namens Feifel wandte sich an Rabbi Elimelech: „Rabbi", sagte er zu ihm, „ich möchte einen Prozeß gegen den lieben Gott anhängig machen" – „Nicht jetzt", antwortete der Meister, „es ist Nacht und die Gerichte tagen nicht in der Nacht. Komm morgen früh wieder." Am folgenden Morgen rief Rabbi Elimelech ein Rabbinergericht in vorschriftsmäßiger Form zusammen. Die Sitzung hielten ab der Maggid von Koschnitz, der Seher von Lublin und der Rabbi von Apta. „Sprich", sagte Rabbi Elimelech. – „Die Sache ist einfach," sagte Feifel. „Wie kann Gott, da wir doch ihm gehören, dem König hier unten erlauben, uns seinen Gesetzen zu unterwerfen? Der Talmud befiehlt dem Besitzer eines Sklaven, ihm nicht die halbe Freiheit zu schenken, denn die Freiheit kann nur etwas Ganzes sein. Kennt Gott das Talmudgesetz nicht?" Nach diesen Worten schwieg Feifel und es trat eine schier endlose Stille ein, die erst unterbrochen wurde, als der Rabbi von Apta erklärte: „Während das Gericht berät, obliegt es den beiden Parteien den Saal zu verlassen. Feifel geh hinaus. Was nun dich betrifft, Herr, so verzeihe uns, daß wir dich aufrufen, aber wir wissen, daß du überall bist, sogar wenn du hinausgingest, würdest du hier drinnen bleiben. Wenn wir dich um Verzeihung bitten, so deshalb, weil wir Wert darauf legen, unser Urteil furchtlos zu sprechen." Die geheime Beratung dauerte sehr lange, und das Gericht verkündete sein Urteil zugunsten des Klägers: „Das Gesetz betreffs weltlicher Erziehung, also die erzwungene Assimilisation, ist tatsächlich ein Unrecht. Es obliegt dem Herrn der Welt, es aufzuheben." Und es wurde aufgehoben.

Genau wie seine Standesgenossen zögerte der Rabbi von Apta nicht, sich auf die Auseinandersetzung mit dem Schöpfer einzulassen, weil es darum ging, seine Kinder zu verteidigen. „Das ist erlaubt", sagte er und führte als Beweis an: „Warum legte Gott Wert darauf, mit Abraham über die Zahl der Gerechten in Sodom zu feilschen? Fünfzig, Vierzig, dreißig, zehn, Gott wußte doch von Anfang an, daß es keinen in der sündigen Stadt gab. Warum ließ er dann Abraham die Zahl immer niedriger ansetzen? Es ging ihm darum, ihm den Wert der Diskussion klarzumachen."

Während der Streitereien und internen Auseinandersetzungen, die die chassidische Bewegung in Aufruhr versetzten, war es der Rabbi von Apta, an den man sich im Zweifelsfalle wandte. Alle Parteien unterwarfen sich seinem Schiedsspruch. Er war auch bei der berühmten Hochzeit dabei, die in Ostila stattgefunden hat.

Diese Hochzeit nimmt nicht nur deshalb einen wichtigen Platz in der Geschichte der Bewegung ein, weil sie zwei berühmte Familien zusammenbrachte – die Braut war eine Enkelin des Rabbi von Apta und der Bräutigam der Sohn einer einflußreichen Familie aus Botoschan, sondern vor allem, weil sie einen Bruch, eine Spaltung in den Reihen der Anhänger verhinderte. Zunächst ist festzuhalten, daß der Chassidismus damals von einer Krise in die andere stürzte. Der Grund dafür lag darin, daß die Schule von Pžycha der Schule von Lublin gerade den Kampf angesagt hatte. Der halbblinde Rabbi Bunam predigte Studium und Leidenschaft; Studium mit Leidenschaft, aber nicht Leidenschaft ohne Studium. Seine Schüler sind wie er der Meinung, daß die Schönheit der chassidischen Botschaft auf dem besten Wege ist, zu verblassen und verwässert zu werden. Durch was oder durch wen wird sie verwässert? Durch die Rabbis. Es gibt ihrer zuviel, und sie haben zuviel Macht. Bloße Gefälligkeit ist an die Stelle ernsthaften Suchens getreten. Alles ist zu leicht, zu bequem geworden. Man kommt nicht mehr zum Meister, um an seinen Höhenflugen teilzunehmen, sondern um seinen Segen und seine Fürsprache für unbedeutende alltägliche Dinge zu erlangen, damit die Geschäfte besser gehen, damit die Töchter einen Mann bekommen, damit der kranke Vater wieder gesund wird." Wo liegt die Wahrheit in alledem?" schreit man in Pžycha. „Was ist mit Gott, mit der Erlösung?"

Die Gegenmacht ist zur Macht geworden, deshalb verliert sie von ihrer Substanz, von ihrer Reinheit. Man muß alles wieder neu beginnen, zur Quelle zurückkehren. Die verschiedenen Schulen und Dynastien fühlen sich beleidigt und bleiben die Antwort nicht schuldig. Der Kampf findet nicht mehr zwischen Juden und Christen, auch nicht zwischen Chassidim und ihren Gegnern statt, sondern die Chassidim bekämpfen sich untereinander. Alle nehmen daran teil. Es ist unmöglich, neutral zu bleiben. Wer für Pžycha ist, ist gegen die

anderen. Der junge Rabbi Itze Meir Rutenberg z.B. –
der spätere Meister von Ger – trennt sich von seinem
Rabbi, dem Maggid von Koschnitz, um sich Rabbi
Bunam anzuschließen. Der Kommentar des Maggid
dazu: „Armer, armer Itze Meir; er hat meinen Sabbat
gestört und durcheinander gebracht. Ich fürchte, daß
dasselbe, wenn nicht sogar etwas Schlimmeres, ihm
passieren wird." War das eine Prophezeiung, eine Vor-
warnung, ein merkwürdiger Zufall? Der Rabbi von Ger
sollte nämlich seine dreizehn Kinder bis auf das letzte
verlieren, und alle sollten an einem Sabbat sterben.

Nein, der Streit zwischen Pžycha und der übrigen
Bewegung war kein bloßes Geplänkel. Alle Zentren sind
davon betroffen. Einige kämpfen dafür, Pžycha zu ex-
kommunizieren. Nur ist das nicht so leicht zu bewerk-
stelligen. Zuerst muß versucht werden zu überzeugen,
zu vermitteln, miteinander zu diskutieren. Warum sollte dann nicht ein öffentliches Streitgespräch geführt
werden? Rabbi Joseph von Jaritschow hat eine glänzende
Idee. Da es in Ostila eine Hochzeit geben wird, und da
sie zweifellos zahlreiche Meister anziehen wird, die
ihrerseits unzählige Anhänger mitbringen werden, warum dann nicht Pžycha zu seiner Verteidigung dorthin
vorladen? Der Vorschlag wird angenommen und ruft
Begeisterung hervor. Allerorten beginnt man mit den
Vorbereitungen, versucht sich den Ablauf des Schau-
spiels vorzustellen und wer dabei welche Rolle spielen
wird. Eins ist klar, der Richter kann nur der Rabbi von
Apta sein.

Tausende und Abertausende von Chassidim aus allen
Gegenden Polens und Weißrußlands ziehen gen Ostila.
Zweihundert weißgekleidete Meister nehmen Platz an

der Ehrentafel. Nach altem Brauch singt und tanzt die Menge zur Erheiterung des Brautpaares, Geschenke werden ihm gemacht, Versprechungen gegeben und Glückwünsche ausgesprochen. Indessen wächst die Spannung immer mehr, man wartet auf die stürmische Debatte, auf den heftigen Zusammenstoß. Wer wird beginnen? Es ist ein Anhänger von Pžycha. Behende springt er zur Überraschung seiner Gesprächspartner auf den Tisch und reißt sein Hemd auf: „Rabbi von Apta," schreit er, „ihr, die in die Ferne und Tiefe blicken könnt, schaut hier mein Herz! Darin werdet ihr die Wahrheit sehen, ihr werdet erkennen, daß mein Meister von Pžycha fälschlicherweise und zu Unrecht verleumdet worden ist." Der alte Rabbi schaut ihn an, hört ihn an und sagt kein Wort. Dann beginnt die Debatte. Auf beiden Seiten werden Bibelstellen und Talmudgesetze, Legenden aus dem Midrasch und Anspielungen aus der Mystik vorgebracht. Durch ihr Niveau und ihre Intensität gereicht die Diskussion der Bewegung zur Ehre.

Unterdessen trifft ein Fürst in Ostila ein. Seine Kutsche kommt nicht vorwärts, weil alle Straßen verstopft sind. Er fragt, was los sei, wozu diese ganzen Leute und dieser Lärm, es sei doch kein Markttag. Man erklärt ihm, daß es sich um ein besonderes Fest, um eine chassidische Hochzeit handelt. Das ist ihm unverständlich, er will sich selbst davon überzeugen und tritt näher. Als Kosaken gekleidete Chassidim tanzen wie wild, um das Brautpaar bei seinem ersten gemeinsamen Mahl zu unterhalten. Der Fürst gerät darüber in Zorn und läßt den Rabbi von Apta verhaften, denn dessen „Kosaken" haben ihm keinen Respekt erwiesen. Der Rabbi befindet sie für schuldig und entscheidet, daß sie auf der Stelle bestraft werden. Er reißt ihnen die Epauletten von den Schultern und erklärt dabei: *Oïs Kosaken* – „Ihr seid keine Kosaken mehr." Daher stammt dieser jiddische Ausdruck, der gleichbedeutend ist mit „Schluß mit dem Theater".

Alles löst sich nun in Wohlgefallen auf, der Fürst ist zufrieden, seine Kutsche kann quer durch die Stadt rollen, die Chassidim sind glücklich, die Debatte ist zu Ende, es wird keine Spaltung der Bewegung geben, die Schule von Pżycha wird nicht ausgeschlossen, sie wird im Gegenteil zu einem neuen Zentrum, einem weiteren Zentrum. Der junge Rabbi von Ger mit seinen staunenswerten Kenntnissen sowohl des Talmud als auch der Mystik hatte es geschafft, die Sache seines Freundes und Meisters Rabbi Bunam zu vertreten. Das leidenschaftlich betriebene Studium in Pżycha leugnet nicht die Lehre des Bescht, sondern bereichert sie. Die Schlacht endete gottlob mit einem Sieg für beide Gegner.

Der Meister von Apta, dem Neid, Rachsucht und Eifersucht fremd sind, drängt seine Jünger gern, verantwortungsvolle Stellen zu übernehmen. Als einer von ihnen das ablehnt und ängstlich meint: „Ich glaube nicht, daß ich würdig dazu bin", entgegnet der Rabbi von Apta: „Und ich, glaubst du etwa, daß ich es bin? Wenn ich Rabbi sein kann, dann kannst du es auch."

Seine Aussprüche machen im ganzen Reich die Runde. Eines Tages ruft er aus: „Herr des Himmels, wenn du unbedingt darauf aus bist, mich in die Hölle zu schicken, dann tu es. Aber du kennst mich doch, du weißt, daß ich einen schlimmen Charakter habe, ich diskutiere für mein Leben gern und werde anfangen, mich mit den Ungläubigen zu streiten, und die Schutzengel werden darüber so außer sich geraten, daß sie rufen werden: Habe Mitleid mit ihnen. Mein Vorschlag lautet deshalb: Laß alle Ungläubigen aus der Hölle raus, dann werde ich mit Freuden hineingehen."

Ein Anhänger klagt ihm sein Elend. „Gott wird dir helfen", sagt der Rabbi. – „Ja, gut und schön", meint der Chassid, „aber ... was ist in der Wartezeit?" – „Gott wird dir beim Warten helfen", sagt der Rabbi.

„Der Mensch", sagte er, „ist eine leere Flasche und Gott füllt sie. Manchmal füllt er sie mit Wein und manchmal mit Weinessig."

Als er einmal die Stelle aus dem Psalmen „Die goldenen und silbernen Götzenbilder haben Augen, aber sie sehen nicht" erklärte, sagte er: „Es geht hier nicht um Götzenbilder, sondern um ihre Anbeter, die in ihrer Blindheit nur das Gold oder Silber sehen."

Eines Tages kam er in eine Stadt, wo zwei Männer ihm ihre Gastfreundschaft anboten. Beide waren fromm und gelehrt, aber der eine von ihnen hatte einen weniger guten Ruf als der andere. Für wen entschied sich der Rabbi? Für das Opfer der Verleumdungen. Seinen Anhängern gab er dafür folgende Erklärung: „Ich verurteile niemanden. Gott allein ist der Richter; ich weiß nur eins, ein Mensch, dem alle Welt nur Gutes nachsagt, läuft Gefahr, eitel zu werden und nur noch an sich selbst zu denken; von einem solchen Menschen sagt Gott, daß er nicht bei ihm wohnen kann, und wenn Gott es nicht kann, wie sollte ich es dann können?"

Rabbi Abraham Jeoshua Heschel übte Barmherzigkeit gegenüber den Opfern, den Hilflosen und Einsamen und benutzte seine Stellung und seine Macht, um ihnen zu helfen und sie zu verteidigen. Die Chronik berichtet, daß er geschworen hatte, niemals über einen anderen etwas Schlechtes zu sagen. Hin und wieder versuchten Schüler, ihn gegen diesen oder jenen Rabbi oder Chassid in Harnisch zu bringen. Vergebens. Für den Meister von Apta gehörte es auch zur Rolle des Rabbi, nicht hören zu können.

Aber er muß schauen können. Manchmal schloß Rabbi Abraham Jeoschua Herschel sich in seiner Kammer ein, um die Gefahr, die dem Volke Israel drohte, ermessen zu können. In seinem Sessel sitzend putzte er seine Brillengläser und erforschte die Zeit, entzifferte die Zeichen und bat den Himmel, die Pforten der Barmherzigkeit zu öffnen.

In seiner Jugend, so erzählt die chassidische Legende, hatte der Rabbi von Apta die Angewohnheit, die Blätter der Bäume oder die Wolken zu befragen ... Später horchte er auf die Schritte in der Straße ... Und noch später, als ihn ein Vorzeichen tief bewegt hatte, weigerte er sich in die Zukunft zu schauen oder auf sie zu lauschen, wenn er ahnte, sie würde Unheil bringen;

denn die Glieder seines Körpers enthüllten sie ihm. In seiner Angst flehte er zu Gott, ihn von seinen prophetischen Gaben zu befreien.

Er bemühte sich stets, für sein Volk einzutreten, und ihm wurde eine große Zahl von Wundern zugeschrieben. Das verhinderte nicht, daß das Ende seines Lebens von Traurigkeit überschattet war. Er fing an, ein übertriebenes Interesse für die Probleme des Todes an den Tag zu legen.

Rabbi Itzhak-Eisik von Komarno sah, wie er einmal eine weinende Witwe tröstete. „Das war die Schechina", sagte der Rabbi von Apta, „die Witwe Sions, die Witwe Israels, wenn man um sie weint, weint man auch um sich selbst."

Einmal kommentierte er den Bibelvers „Und hier starb Moses, der Diener Gottes" und sagte: „Ist es möglich, daß Moses nach seinem Tode Gott diente? Ja, es ist möglich – denn nach seinem Tode besuchte Moses die Patriarchen und erklärte ihnen: Seht, Gott hat sein Versprechen gehalten, eure Nachkommen sind in das Heilige Land gelangt."

Während der Monate vor seinem Tode versammelte er regelmäßig seine Kinder und Schüler um sich, um mit ihnen zu sprechen. Manchmal stand er auf und durchmaß das Zimmer mit schnellen Schritten. Sein Gesicht brannte, er redete und redete. Einmal hielt er vor seinem Tisch inne und rief: „Es wird der Augenblick kommen, da auch die Dinge aufgerufen sind, Zeugnis abzulegen. Daher bitte ich dich, für mich Zeugnis zu geben, du sollst sagen, daß ich dich benutzt habe, um zu lernen und zu lehren, und daß ich dir niemals Schande gemacht habe, das alles wirst du sagen, nicht wahr?"

Ein andermal gab er sich melancholisch und sagte zu den Umstehenden: „Ich fühle, ja ich fühle es, daß ich euch bald verlassen werde, ich werde vor dem himmlischen Gericht erscheinen und gefragt werden: „Wer bist Du? Und ich werde nicht wissen, was ich darauf antworten soll." Kaum hatte er seine Worte beendet, als die Tür aufging und ein Bote aus dem Heiligen Land eintrat, der eine Botschaft für den Rabbi brachte: „Die heilige Gemeinde von Wolhynien, die sich in Tiberias niedergelassen hat, hat dich soeben zu ihrem Vorsteher ernannt." Der Rabbi geriet außer sich vor Freude und ordnete an, das Ereignis gebührend zu feiern. Es wurde getrunken und gesungen und dann übergab er dem Boten eine Summe Geldes und sagte zu ihm: „Wenn du in Tiberias angekommen bist, sage unseren Leuten, sie möchten für mich ein Grab neben der Grabstätte des Propheten Hosea kaufen." Und die Legende fügt noch hinzu, daß in der Nacht meines Todes eine himmlische Stimme die Mitglieder der heiligen Gemeinde von Wolhynien in Tiberias aufweckte und zu ihnen sprach: „Steht auf, steht auf, euer Meister kommt, geht und begrüßt ihn und erweist ihm die Ehre, die seinem Rang gebührt." Und im gleichen Augenblick sah der Gemeindewächter, wie ein Sarg durch die Luft schwebte und von Tausenden von Seelen begleitet wurde.

Eine andere Legende berichtet von einer Gemüsehändlerin aus Apta, die einen Traum hatte. Sie träumte und sah ihren verstorbenen Mann, der an ihr vorbeiging, ohne sie zu bemerken. Sie lief hinter ihm her und rief: „Erst läßt du mich hier allein mit unseren kleinen Kindern und jetzt siehst du mich nicht einmal an!" Worauf ihr Mann sich entschuldigte und sagte: „Das ist nicht meine Schuld, wir bereiten das Begräbnis des Rabbi von Apta vor, für morgen ..."

Als Rabbi Abraham Jeoshua Heschel seine Stunde nahen fühlte, schlug er die Augen auf und sah seine Kinder und deren Kinder, seine Schüler und deren Schüler an und fing an zu weinen. „Ich gehe fort, und der Messias ist noch nicht gekommen. Warum zögert er so lange?" Er schwieg eine ganze Weile, bevor er mit sanfter und unendlich trauriger Stimme fortfuhr: „Ich erinnere mich ... als Rabbi Levi Jtzhak von Berditschew diese Welt hier unten verließ, versprach er, unsere Ahnen aufzusuchen und sie an unser Elend und unsere Leiden zu erinnern. Er schwor, sie nicht in Ruhe zu lassen, solange der Erlöser nicht da sei. Aber unglücklicherweise führten ihn die Engel hinters Licht. Sie brachten ihn von Himmel zu Himmel in immer höhere Höhen und von einem Heiligtum zum anderen und enthüllten ihm dabei erstaunliche Geheimnisse, so daß er in Ekstase geriet und auf diese Weise sein Versprechen vergaß. Ja, Pech für uns, daß der Rabbi von Berditschew sein Versprechen vergessen hat ... Doch ich, ich mache euch ein Versprechen und schwöre euch, daß ich es halten werde. Ich werde es nicht vergessen. "

Ich liebe diese verzweifelte Geschichte, und um dieser Geschichte willen habe ich Leben und Tod des Rabbi von Apta erzählt.

Es gab eine Zeit, da machten manche von uns ein ähnliches Versprechen. Wir sagten uns: sollten wir durch ein Wunder eines Tages hier herauskommen, dann weihen wir unser ganzes Leben dieser Pflicht: Zeugnis abzulegen. Wir werden vom Todeskampf eines Volkes sprechen angesichts der allgemeinen Gleichgültigkeit, von der Einsamkeit der Greise, von den Blicken der Mütter berichten und vom Lächeln der Kinder, die in den Tod marschierten. Sollten wir überleben, sagten wir uns, dann werden wir jeden Tag etwas opfern und jede Nacht beten, damit auf den Trümmern der Schöpfung eine neue Hoffnung entsteht, die ein strahlendes Morgenrot für die künftigen Generationen ankündigt.

Wenn wir überleben sollten, sagten wir uns, schwören wir – wie der Rabbi von Apta – nicht zu vergessen.

Haben wir unser Versprechen gehalten?

Quellen:

Glauben oder nicht glauben: Croire ou ne pas croire, in: Elie Wiesel, Signes d'exode. Essais, contes, dialogues. Editions Grasset, Paris 1985.

Eines Menschen Gebet: Prière d'un homme, in: Elie Wiesel, Paroles d'étranger. Textes, contes, dialogues, Editions du Seuil, Paris 1982.

Keiner ist allein wie Gott: in Rudolf Walter (Hrsg.), Von der Kraft der sieben Einsamkeiten, Verlag Herder, Freiburg 1983.

Der Fremde der Bibel: L'étranger de la Bible, in: Elie Wiesel, Paroles d'étranger.

Gott weiß, was Leiden heißt: Elie Wiesel, Der Mitleidende, in: Rudolf Walter (Hrsg.), Die hundert Namen Gottes, Verlag Herder 1985.

Ein Versprechen: Une voue, in: Elie Wiesel, Signes d'exode.

Bücher von Elie Wiesel
im Verlag Herder

Adam oder das Geheimnis des Anfangs
Brüderliche Urgestalten
3. Auflage. 232 Seiten, gebunden. ISBN 3-451-18952-6

Das Geheimnis des Golem
Mit Zeichnungen von Mark Podwal
96 Seiten, gebunden. ISBN 3-451-20278-6

Der fünfte Sohn
Roman
2. Auflage. 192 Seiten, gebunden. ISBN 3-451-20352-9

Geschichten gegen die Melancholie
Die Weisheit der chassidischen Meister
144 Seiten, Paperback. ISBN 3-451-20040-6

Von Gott gepackt
Prophetische Gestalten
144 Seiten, Paperback. ISBN 3-451-18121-5

Was die Tore des Himmels öffnet
Geschichten chassidischer Meister
144 Seiten, gebunden. ISBN 3-451-19114-8

Die erste und einzige Elie-Wiesel-Biographie:
Ellen N. Stern
Wo Engel sich versteckten
Das Leben des Elie Wiesel
192 Seiten, Paperback. ISBN 3-451-20678-1

Verlag Herder Freiburg · Basel · Wien

Bücher zum Thema Judentum
im Verlag Herder

B. *Just-Dahlmann*, Der Kompaß meines Herzens. Begegnung mit Israel. 3. Auflage 1986.

Y. *Eliach*, Träume vom Überleben. Chassidische Geschichten aus dem 20. Jahrhundert. 1985. 208 Seiten.

P. *Navè-Levinson*, Du, unser Vater. Jüdische Gebete für Christen. 4. Auflage 1984. 114 Seiten.

E. *Petuchowski*, Ein Rabbi kommt selten allein. Rabbinergeschichten aus Frankfurt und anderswo. 1983. 128 Seiten.

E. *Petuchowski*, Das Herz auf der Zunge. Aus der Welt des jüdischen Witzes. 1984. 141 Seiten.

J. J. *Petuchowski*, Der Gottesdienst des Herzens. Eine Auswahl aus dem Gebetsschatz des Judentums. 1981. 140 Seiten.

J. J. *Petuchowski*, Es lehrten unsere Meister. Rabbinische Geschichten aus den Quellen neu erzählt. 5. Auflage 1981. 143 Seiten.

J. J. *Petuchowski*, Ferner lehrten unsere Meister. Rabbinische Geschichten aus den Quellen neu erzählt. 1980. 125 Seiten.

J. J. *Petuchowski*, Feiertage des Herrn. Die Welt der jüdischen Feste und Bräuche. 1984. 142 Seiten.

J. J. *Petuchowski*, Wie unsere Meister die Schrift erklären. Beispielhafte Bibelauslegung aus dem Judentum. 1982. 144 Seiten.

J. J. *Petuchowski*, Die Stimme vom Sinai. Ein rabbinisches Lesebuch zu den Zehn Geboten. 1981. 125 Seiten.

R. *Walter* (Hrsg.), Das Judentum lebt – ich bin ihm begegnet. Erfahrungen von Christen. 1985. 168 Seiten.

Verlag Herder Freiburg · Basel · Wien